指文图书®

世界经典制服徽章艺术

指文号角工作室 编

台海出版社

图书在版编目（CIP）数据

号角：世界经典制服徽章艺术. X / 指文号角工作
室编. -- 北京：台海出版社, 2019.1
ISBN 978-7-5168-2199-2

Ⅰ. ①号… Ⅱ. ①指… Ⅲ. ①军服－介绍－世界②军
徽－介绍－世界 Ⅳ. ①E127

中国版本图书馆CIP数据核字(2018)第300687号

号角：世界经典制服徽章艺术10

编　　者：指文号角工作室

责任编辑：俞滟荣　　　　　　　　策划制作：指文文化
视觉设计：王　星　　　　　　　　责任印制：蔡　旭

出版发行：台海出版社
地　　址：北京市东城区景山东街20号　　　邮政编码：100009
电　　话：010－64041652（发行，邮购）
传　　真：010－84045799（总编室）
网　　址：www.taimeng.org.cn/thcbs/default.htm
E－mail：thcbs@126.com

经　　销：全国各地新华书店
印　　刷：重庆长虹印务有限公司
本书如有破损、缺页、装订错误，请与本社联系调换

开　　本：787mm×1092mm　　　　　1/16
字　　数：430千字　　　　　　　　印　　张：13
版　　次：2019年1月 第1版　　　　印　　次：2019年1月 第1次印刷
书　　号：ISBN 978-7-5168-2199-2

定　　价：139.80 元

出版寄语

国防的点点滴滴，依靠的是人民的热爱与支持；军事文化的点点滴滴，依靠的是军迷的痴迷和奉献。唯愿《号角》越办越好，唯愿更多的人喜欢军事文化！

——刘猛，知名军事题材电视导演

《号角》是国内不多见的以勋赏文化为主题的独门文丛。以军服、勋章为切入点，深掘史实，精讲兵戎，勾连审美，旁通政制。一声号角，带起一曲战争艺术的交响。祝这一声号角给中国文化建设中还比较薄弱的军事文化声部，注入黄钟大吕般的雄浑与恢宏。

——朱克奇，深圳广播电台主持人，知名军事评论员

看过不少军事杂志，但被《号角》深深折服了，严谨的风格，华丽的包装，偏执考究的细节……在想，什么样的主编才会制作出如此作品呢。和主编交了朋友，为他对勋章制服的痴迷与挚爱所折服，真汉子不一定是豪言壮语、大碗喝酒，一本竭心的文字同样体现豪迈，想到了当年的自己。祝《号角》越走越远。

——刘子军，知名军事评论员

每个收藏品背后，都承载着一段历史，或者都有一个曾经真实的英雄，而军事徽章和制服的收藏，可以促使我们研究收藏品背后的故事，来尽可能地接近真实的历史。希望徽章和制服文化，能够更多地融入军迷的生活中。

——李晓健，"超级大本营"军事论坛主编

旗章服制之事并非低级趣味，一个民族的荣誉感和尚武精神均由此而滋生。军品收藏研究为军学入门佳径，愿《号角》激励引领军友奋勇前行！

——余戈，知名抗战史学者

西点军校的校训为"责任、荣誉、国家"，而这三个词组凝聚成形态，便是军人身着的军服以及佩戴的各种徽章。《号角》便是专门对于这种军人的荣誉和纪录予以详尽介绍的一种同时富有知识性和趣味性的丛书。

—— 章骞，知名海军史学者

军事徽章和勋章是表彰军人战功的最佳载体，佩戴在军服上的每一枚勋章都是血与火凝结而成，作为一个老军迷，我也想探究每一枚勋章背后的故事，但受限于手头资料的缺乏以及对各国勋略制度的不了解，再加上网络时代以讹传讹的信息饱和，很难对各个国家的勋章有个综合全面的正确了解。不过翻开这本《号角：世界经典制服徽章艺术》，我有了豁然开朗的畅快感，全书从多个角度对世界各国军事徽章进行了详细的介绍，不管是军事徽章勋章知识的扫盲还是进阶，《号角》都是一本不错的工具读物。

——肖宁，《兵器》杂志编辑部主任

军事制服和徽章，在西方历来被称作男人的饰品，它们是军事历史和文化的浓缩，也是勇敢和责任的彰显。如果愿意，你可以跳出这一个个金属和织物的本相，去从中领悟它们背后的深邃内涵。

——王亚男，《航空知识》杂志主编

勋章、奖章、军服是历史，尤其是军事史研究中绝不可忽略的重要细节，《号角》丛书以此为专门研究和普及的内容，不仅在大陆上首开风气，而且学术性极强，编者、作者们的良苦用心和辛勤努力令人敬佩，谨在此祝贺丛书问世，希望保持风格和专业性，以嘉惠学林和普及军服、勋奖章文化。

——陈悦，知名海军史学家、海军史研究会会长

角鼓铮鸣，金戈铁马，勋标争辉，胄甲探奇，谈收藏鉴赏会友，品兴衰成败往事，祝新号角丛书旗开得胜，大行其道。

——朱步冲，《三联生活周刊》主笔

由号角团队厚积薄发倾心推出的新《号角》，真如鸣响的号角一般，再度拨动着军事爱好者的心弦。且不谈整部文集的制作精美，也不提篇篇佳作的条分缕析，光是著者们考证各种勋饰的精心和准确程度，就足以令人仰慕钦服。

——汪冰，知名军事作家，《帝国骑士》《德国名将：曼陀菲尔传》作者

连夜看完手中的这本新《号角》，心中不由浮现出一个词——文心雕龙。相信《号角》的新生对于每一位军事爱好者都是一个福音。它不仅填补了国内在徽章与制服方面的研究空白，而且有力地促进了相关知识的普及。不飞则已，一飞冲天；不鸣则已，一鸣惊人。

——刘晓，《极客》杂志社副主编

军服和勋章是展示一支军队精神面貌和历史最好的方法，只有了解军服和勋章的历史，你才能真正了解这支部队！《号角》恰恰就给我们提供了这样一个平台！

——知名历史学家、中国圆明园学会学术专业委员会委员 刘阳

在我刚刚从事军事图书翻译时，就希望能看见这样一本书，既有可读性，又能为我这样的从业者提供某些参考和帮助。书中阐述的这些勋章，你可能听说过，也可能有些肤浅的了解，但对其来龙去脉及详细内情并不一定特别清楚；对我来说，掌握这些勋章的准确名称对日后的翻译工作不无裨益。

——小小冰人，著名军事图书翻译专家

《号角》是国内军服勋章领域的专业书籍，从一个独特的角度阐述历史兴衰和文化传承，阅读此书不仅是学习，也是享受。

——董旻杰，知名军事历史作家

合作伙伴

德国Hermann Historica拍卖行

德国Bene Merenti拍卖行

爱沙尼亚塔林勋章博物馆

葡萄牙勋章学会

斯洛伐克勋章学会

编委会名单

主编：谢亮

活动策划：刚寒锋

编委：马宁宁 王晓宇 刘文 李旸 沈晨 周彦成 徐津川 高雷

Christian Lehrer　Christopher Ailsby　Detlev Niemann

Gordon Williamson　Igor Moiseyev　Roger James Bender

Sascha Weber　Sascha Zimmermann　Neil Stewart

Ed Hayes　Dietrich Maerz　Pavol Marciš

号角网（http://www.ihaojiao.com）

致谢

本书在编辑出版过程中，得到了国内外制服徽章收藏界众多朋友及机构的大力支持，在此表示由衷感谢。他们是（中文按姓氏笔画排列，外文按姓氏或机构名称字母顺序排列）：

个人

丁汀（北京）

于剑（北京）

马宇驰（浙江上虞）

马晓炯（上海）

王宁（北京）

王玉辰（河北邯郸）

王坤（德国锡根）

王栋（北京）

王雷（四川成都）

王相阳（广东佛山）

车曒（马达加斯加）

叶盛（江苏南京）

吕小洁（北京）

任钦亮（山东青岛）

朱惟伦（台湾台北）

朱与善（上海）

乔磊（北京）

向上（北京）

刘萌（辽宁铁岭）

刘方舟（北京）

刘有全（广东广州）

刘志斌（北京）

刘岩生（北京）

刘海鹏（北京）

许冀生（河北石家庄）

祁斌（海南海口）

孙捷之（江苏南京）

孙宁东（湖南长沙）

杨思（北京）

杨卫国（广东广州）

杨雨桐（辽宁沈阳）

杨健海（广东广州）

苏楠（河南郑州）

李伟（北京）

李岳（北京）

李骅（四川成都）

李楠（北京）

李文浩（辽宁沈阳）

李威（台湾台北）

李航（新疆阿勒泰）

李晓铭（山东青岛）

李雁翀（北京）

吴向民（浙江杭州）

吴侃（上海）

吴焕（浙江金华）

邱松（上海）

宋宁（北京）

张义军（辽宁大连）

张日鑫（江苏南京）

张劲雄（北京）

张昊（天津）

张忠钰（陕西西安）

张萱（德国慕尼黑）

张勇（北京）

张哲（河北石家庄）

张玮（上海）

张翔（四川成都）

张腾（广东广州）

张煜（陕西西安）

张铠闻（上海）

陈晖（广东广州）

陈雅（北京）

陈悦（福建福州）

陈首熹（福建厦门）

林立（北京）

林庆安（台湾台北）

林建强（香港）

林臻（北京）

金松（北京）

邹志诚（山东威海）

周光龙（云南德宏）

周牧原（北京）

周鑫钰（美国阿拉巴马）

郑山（北京）

经涛（江苏徐州）

孟飞岩（北京）

赵月（四川达州）

赵旻（上海）

胡晨（天津）

柯涛（北京）

查列（广东广州）

侯德林（陕西西安）

钟铁军（广东广州）

俞磊（四川成都）

顾源宏（上海）

贾川（四川成都）

贾磊（北京）

贾星焕（山东青岛）

钱冬昊（安徽马鞍山）

徐扬（云南昆明）

徐谢程（北京）

郭卫（河北任丘）

高笑（广东广州）

高翔（上海）

崔劲波（辽宁丹东）

章帆（浙江温州）

黄锡聪（香港）

黄麒冰（福建宁德）

黄灏明（广东广州）

康兆（广东深圳）

阎旭彤（北京）

董隽（上海）

蒋伟亮（上海）

粟阳扬（广西桂林）

程业恒（江苏南京）

鲁宁（河北石家庄）

谢雨昊（重庆）

强景明（江苏镇江）

雷雨（上海）

解燊阳（广东广州）

蔡邕（北京）

潘好（浙江湖州）

魏明（北京）

Aivars Zvīdris（拉脱维亚尤尔马拉）

Angel Garbachkov（保加利亚索菲亚）

Alexander Grozdanov（保加利亚索菲亚）

Artan Lame（阿尔巴尼亚地拉那）

Craig Gottlieb（美国索拉纳滩）

Dmitry Shubin（俄罗斯叶卡捷琳堡）

Dragan Stanisavljavić（塞尔维亚贝尔格莱德）

Gobányi Gábor（匈牙利布达佩斯）

Jani Tiainen（芬兰坦佩雷）

Jovan Mara（塞尔维亚贝尔格莱德）

Klaus Butschek（德国雷根斯堡）

Valeriy Aleksandrovich Durov（俄罗斯莫斯科）

Warren E. Sessler（美国加利福尼亚）

William A. Boik（美国弗吉尼亚）

Stefan Dolašević（塞尔维亚贝尔格莱德）

机构

北京诚轩　北京中汉　上海朵云轩　中国保利　中国嘉德

Armádním muzeu Žižkov（捷克布拉格）

Auktionshaus Andreas Thies eK（德国纽尔廷根）

Auktionshaus Carsten Zeige（德国汉堡）

Auktionssaal SINCONA AG（瑞士苏黎世）

AUREA Numismatika s.r.o.（捷克布拉格）

B&D Publishing LLC（美国密歇根）

Baldwin's（英国伦敦）

Bayerisches Armeemuseum（德国因戈尔斯塔特）

Berliner Auktionshaus für Geschichte（德国柏林）

Berliner Münzauktion（德国柏林）

Berliner Zinnfiguren & Preussisches Buecherkabinett（德国柏林）

British Library（英国伦敦）

British Medals（英国卡斯尔顿）

Caen Encheres（法国卡昂）

Carsten Staegemeir UG（德国多特蒙德）

Deutsche Gesellschaft für Ordenskunde e.V.（德国罗特）

Dix Noonan Webb Ltd（英国伦敦）

Dothoreum（奥地利维也纳）

eMedals（加拿大博林顿）

Fellows（英国伦敦）

Fritz Rudolf Künker GmbH & Co. KG（德国奥斯纳布吕克）

Gentlemen's Military Interest Club（英国）

Hadtörténeti Intézet és Múzeum（匈牙利布达佩斯）

H.D.Rauch. GmbH（奥地利维也纳）

Heeresgeschichtliches Museum Wien（奥地利维也纳）

Helmut Weitze Militärische Antiquitäten（德国汉堡）

History Shop（德国塞沃托尔）

Imperial War Museums（英国伦敦）

Karl-Heinz Cortrie GmbH（德国汉堡）

Katz Auction（捷克布拉格）

La Galerie Numismatique（瑞士洛桑）

Leipziger Münzhandlung und Auktion Heidrun Höhn（德国莱比锡）

Liverpool Medals Limited（英国奥尔特灵厄姆）

Militärhistorisches Museum der Bundeswehr（德国德累斯顿）

Militaria-Agent（德国卡尔滕基兴）

机构

Morton & Eden Ltd（英国伦敦）

Musée de l'Armée（法国巴黎）

Musée de la Légion d'Honneur（法国巴黎）

National Army Museum（英国伦敦）

Ordenshistorisk Selskab（丹麦哥本哈根）

Orders and Medals Society of America（美国）

Pannonia Terra Numizmatika（匈牙利布达佩斯）

Philipp Militaria（德国肖伦）

Royal Collection Trust（英国温莎）

Royal Maritime Museums（英国格林尼治）

San Giorgio Aste Srl（意大利热那亚）

Spink & Son（英国伦敦）

Stack's Bowers Galleries（美国加利福尼亚）

Studiekring Faleristiek（比利时布鲁塞尔）

Studiekring Ridderorden en Onderscheidingen（荷兰阿姆斯特丹）

Österreichische Gesellschaft für Ordenskunde（奥地利维也纳）

The Orders and Medals Research Society（英国伦敦）

The New York Sale（美国纽约）

Verlag Militaria GmbH（奥地利维也纳）

Vojni muzej（塞尔维亚贝尔格莱德）

CONTENTS
目录

前言

勋赏文化收藏与研究渐入佳境

呈现在大家手上的,是第十辑《号角: 世界经典制服徽章艺术》。这也意味着,我们陪伴大家走过了整整五年的时间。

五年来,我们曾经呼吁建立有中国特色的勋赏制度,我们见证了国家功勋荣誉制度的建立和实践,我们看到中国人获得越来越多的外国勋章。最让我们欣喜的,还是八一勋章、友谊勋章的正式颁发。我们非常荣幸地参与到这一制度的建设实践中去,并贡献自己一份独特的力量。与此同时,我们更感受到全社会对功勋荣誉的重视程度不断提高,全社会崇敬模范、注重荣誉的氛围业已形成。

五年来,我们率先提出的“勋赏文化”概念获得越来越多的关注,相当多的新朋友对这一亚文化产生了兴趣。从博物馆到社区,我们不但参与各类活动,还组织了几十场讲座,期望带给大家不一样的感受。我们走进大众传媒,在广播、电视、杂志上向更多人分享勋赏文化。我们还参加了中国国际数码互动娱乐展览会及其他模型展会,与模型厂商建立了合作关系,策划组织了赴俄罗斯、德国、法国、英国等国的勋赏文化专题旅游项目,期待用跨界的方式让更多的人关注和支持勋赏文化。

五年来,我们与全世界志同道合朋友的交流越来越频繁。我们走出中国,走出亚洲,代表中国勋赏文化收藏和研究群体参加了欧洲勋章学会年会,与巴黎荣誉军团勋章博物馆、塔林勋章博物馆达成了合作意向。我们非常自信地与来自全世界的收藏者、研究者共同交流,更欣慰地发现,外国同行们对中国勋赏文化的兴趣日益浓厚,对我们取得的一些成就由衷赞叹。

当然,我们也必须看到,中国的勋赏文化收藏与研究还面临着诸多困难。由于中国历史土壤于此并无积累,以及现代社会勋赏制度体系的不成熟,整体氛围仍存在许多不尽如人意的地方,仍有太多中国人缺乏了解勋赏文化的机会。此外,由于发展时间太短,又存在一些先天不足,稚嫩的勋赏文化收藏与研究群体尚且脆弱,非常容易受到其他文化圈的干扰。

正是因为上述这些不利之处,使得我们更坚定了在中国推广勋赏文化的决心。十辑高质量的《号角: 世界经典制服徽章艺术》亦可反映中国勋赏文化收藏和研究的水准及其影响力在不断提高,勋赏文化收藏和研究群体也在不断成长。这五年,我们坚持了下来,我们相信,未来的道路会更加广阔!

我们,期待您的参与!

指文号角工作室
2019年1月

称霸四海
大英帝国战役奖章简史（二）

作者：沈晨

▲ *1860年10月13日英法联军占领后的安定门*

17世纪起，英国逐步展开对外殖民扩张。经过200多年的征战，它击败了诸多竞争对手，在19世纪中期成为真正意义上的"日不落帝国"，统治范围遍及七大洲四大洋，领土面积超过3300万平方公里，占世界陆地总面积的1/4，统治人口超过了4亿，国力达到历史巅峰。但是，所谓物极必反，随着帝国疯狂扩张，危机也接踵而至。1861年，英国政治家索尔斯伯利勋爵抱怨道："英国每年支出150万英镑保卫殖民地，仅仅供养了一大堆军事驻地，且滋生出一种'日不落'的自满情绪。"

与此同时，美国、德国、日本等新兴资本主义国家开始崛起，各国争夺殖民地的竞争日趋白热化。19世纪后半期，这些国家相继卷入了一系列外交和军事冲突。直至1914年一战爆发，在这不平静的50多年中，大英帝国也疲于应对各殖民地层出不穷的叛乱和对外冲突。为了激励参战军人，英国政府一如既往地设立了种类繁多的通用服役奖章和战役奖章。在这一时期的对外冲突中，大英帝国虽然往往都能取胜，但在这份荣光的背后，巨大的战争开支也极大地消耗着英国政府的财政实力，使得它逐渐无力维持已有的殖民体系。从1867年开始到20世纪初，大英帝国陆续承认了加拿大、澳大利亚、新西兰、南非和爱尔兰联邦为自治领，这些自治领获得了有限的独立地位。自此，曾经称霸四海的大英帝国开始走向瓦解，"日不落帝国"的太阳已渐西斜。

第二次中国战争奖章（1861年）
Second China War Medal

1842年中英第一次鸦片战争后，英国打开了中国的国门。作为鸦片战争的胜利者，英国人惊讶地发现新开的通商口岸并没有带来他们所期望的贸易扩张。因此，英方希望获得更多租界，进一步打开中国市场。与此同时，法国借着克里米亚战争的胜利，谋划在东南亚建立殖民地。1857年年底，英法分别借口亚罗号事件和马神甫事件炮轰广州城，第二次鸦片战争正式爆发，英国人称之为第二次中英战争。

1857年年底，英法联军占领广州，1858年4月又占领大沽口炮台，随后两国与清政府签订《天津条约》。但英、法远不满足于此，利用换约之机再次挑起战争。这场战争中，以僧格林沁为代表的部分清军将领英勇抵抗，并在第二次大沽口之战中给联军造成了较大损失。但因为双方武器装备和战术战法方面存在巨大差距，英法联军在增兵之后，先后占领舟山、大连湾、烟台、大沽口、天津和通州，并在八里桥以轻微代价重挫僧格林沁率领的蒙古骑兵，逼进北京，并火烧圆明园，迫使清政府分别签订了中英、中法、中俄《北京条约》。第二次鸦片战争被认为是第一次鸦片战争的延续，中国丧失了更多的主权和领土，社会半封建半殖民程度大大加深。

1861年，英国政府设立了"第二次中国战争奖章"，将其颁发给1857—1860年间参与战争的皇家海军和陆军，以及印度殖民地的陆军。奖章为圆形，银制，直径36毫米，奖章正背两面与1843年颁发的"中国战争奖章"造型基本一致。正面是英国女王维多利亚的左侧脸肖像，两侧雕有"维多利亚女王"（VICTORIA REGINA）字样。奖章背面图案较为复杂，前景是棕榈树下的火炮、英国皇家纹章造型的盾牌、指挥刀等英式武器，背景是红缨枪、长叉、铁钩长枪等中式冷兵器，上方一行拉丁文书写的"以武力求得和平"（ARMIS EXPOGCERE PAOEM）。与"（第一次）中国战

▲ 法国出版的第二次鸦片战争的版画图集内页

▲ 带有"Canton 1857"铭条的第二次中国战争奖章。供图/DNW

争奖章"不同，奖章背面底部没刻上年份。奖章顶端有翅膀造型的连接环，用以连接绶带。绶带宽33毫米，最初该奖章绶带设计为绿—白—红—黄—蓝的5条等宽彩色条纹，两侧镶红色细边。不久后，绶带又改成与"中国战争奖章"一样的绶带，即以红色为主体，两侧为浅黄色边，即配色为黄—红—黄的条纹。

第二次中国战争奖章一共设立了6种铭条，分别为："中国1842年"（China 1842，该铭条授予那些获得过第一次中国战争奖章的军人）、"佛山1857年"（Fatshan 1857）、"广州1857年"（Canton 1857）、"大沽口1858年"（Taku Forts 1858）、"大沽口1860年"（Taku Forts 1860）和"北京1860年"（Pekin 1860）。

▲ 第二次中国战争奖章。供图/Baldwin's

► 带有"Taku Forts 1858"铭条的第二次中国战争奖章。供图/Ewbank's

▼ 反映攻占大沽炮台的画作

▲ 带有"Taku Forts 1860"铭条的第二次中国战争奖章。供图/DNW

▲ 带有"Pekin 1860"铭条的第二次中国战争奖章。供图/DNW

▲ 带有 "Pekin 1860" 和 "Taku Forts 1860" 铭条的第二次中国战争奖章。供图/Noble Numismatics Pty Ltd

▲ 带有 "Taku Forts 1858" 和 "Canton 1857" 铭条的第二次中国战争奖章。供图/DNW

▲ 带有 "Pekin 1860" "Taku Forts 1860" 和 "Canton 1857" 铭条的第二次中国战争奖章。供图/Baldwin's

▲ 带有 "Pekin 1860" "Taku Forts 1860" 和 "China 1942" 铭条的第二次中国战争奖章。供图/Baldwin's

▲ 带有 "Taku Forts 1858" "Cant 1857" 和 "Fatshan 1857" 铭条的第二次中国战争奖章。供图/DNW

▲ 带有 "Taku Forts 1860" 和 "Canton 1857" 铭条的第二次中国战争奖章。供图/DNW

▲ 带有 "Fatshan 1857" 和 "Canton 1857" 铭条的第二次中国战争奖章。供图/DNW

▲ 带有 "Fatshan 1857" 和 "China 1942" 铭条的第二次中国战争奖章。供图/DNW

▲ 带有 "Taku Forts 1860" "Canton 1857" 和 "Fatshan 1857" 铭条的第二次中国战争奖章。供图/DNW

▲ 带有 "Taku Forts 1860" "Taku Forts 1858" 和 "Canton 1857" 铭条的第二次中国战争奖章。供图/DNW

▲ 带有 "Pekin 1860" "Taku Forts 1860" "Canton 1857" "Fatshan 1857" 和 "China 1842" 铭条的第二次中国战争奖章。供图/DNW

▲ 带有 "*Taku Forts 1858*" "*Canton 1857*" "*Fatshan 1857*" 和 "*China 1842*" 铭条的第二次中国战争奖章。供图/Medals of England

新西兰奖章
New Zealand Medal

　　16世纪大航海时代开启之后，"新世界"陆续被发现。1642年，荷兰航海家阿贝尔·扬松·塔斯曼在一次远洋冒险中发现了一片新的海岸（即如今的新西兰西海岸区），他以荷兰的泽兰省之名将这块土地命名为新西兰（Nieuw Zeeland）。1769年，英国海军舰长詹姆斯·库克及其船员成为首先踏上新西兰土地的欧洲人。随后的几十年中，英国向新西兰输送了大批移民并占领了此地。1840年，新西兰土著毛利人和白人团体请求英国提供保护，寻求法律约束和秩序维护；同年2月6日，毛利人和英国王室在岛屿湾的怀唐伊镇签订《怀唐伊条约》，该条约使新西兰正式成为英国王室所属殖民地。

　　《怀唐伊条约》明确了新西兰土著毛利人的土地权益，但是新来的殖民者们并不就范，不断侵占毛利人的土地，引发毛利人的强烈不满。1845—1846和1860—1866年间，不堪压迫的毛利人同英国殖民者分别发生了两次大规模战争，史称"毛利战

▲《怀唐伊条约》原本

▲ 反映英军与毛利人作战的素描画

▲ 无年代版新西兰奖章。供图/DNW

▲ 1845—1846年版新西兰奖章。供图/DNW

▲ 1845—1847年版新西兰奖章。供图/DNW

争"或"土地战争"。为了镇压毛利人的反抗，英国殖民当局从本土调来正规军，并征募当地英国移民参军以加强兵力。面对人数、装备均占优势的英军，装备落后、各部落间又相当离散的毛利人起义最终被镇压。

1869年，英国政府设立"新西兰奖章"，授予参加战争的英国陆军、皇家海军以及新西兰本地和澳大利亚调来的殖民地民兵。比较特别的是，该奖章只授予战争中的幸存者。据统计，新西兰奖章一共颁发了4400多枚。

该奖章为银制，圆形，直径36毫米，奖章正面是中年维多利亚女王，她头戴王冠，披着纱巾（自1861年女王的丈夫阿尔伯特亲王去世后，女王改以漆黑丧服示人，直到1901年去世）。奖章边缘一圈用拉丁文刻着"维多利亚,蒙神圣恩,英国及属地女王,护教者"(VICTORIA D:G: BRITT: REG: F: D:),奖章背面中间是奖章获得者参与战争的时间,有多个版本,年份被桂冠图案环绕;边缘上部刻着"新西兰"(NEW ZEALAND),下部则是"无上的荣誉"(VIRTUTIS HONOR)。奖章上部与绶带连接部位是一根长杆,雕以新西兰特有的蕨类植物叶子的花纹。奖章绶带宽32毫米,配色为蓝—红—蓝条纹。

▲ 1860—1861年版新西兰奖章。供图/DNW

▲ 1846—1847年版新西兰奖章。供图/DNW

▲ 1860—1864年版新西兰奖章。供图/DNW
◀ 1846—1866年版新西兰奖章。供图/DNW

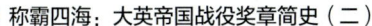

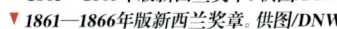

◀ *1863—1865年版新西兰奖章。供图/DNW*
▼ *1861—1866年版新西兰奖章。供图/DNW*

◀ *1860—1866年版新西兰奖章。供图/DNW*

▲ *1863—1866年版新西兰奖章。供图/DNW*
◀ *1863—1864年版新西兰奖章。供图/DNW*

▲ 1864年版新西兰奖章。供图/DNW

▲ 1864—1865年版新西兰奖章。供图/DNW

▲ 1864—1866年版新西兰奖章。供图/DNW

▲ 1865年版新西兰奖章。供图/DNW

▲ 1865—1866年版新西兰奖章。供图/DNW

▲ 1866年版新西兰奖章。供图/DNW

阿比西尼亚战争奖章
Abyssinian War Medal

19世纪后半期，欧洲殖民者在非洲土地上掀起瓜分狂潮，这时非洲文明古国阿比西尼亚（即现在的埃塞俄比亚）虽然勉强保持了独立地位，但其内部分裂严重，导致混战不休。英、法等西方国家乘机与地方割据势力签订协议，企图利用混乱局面从中渔利。1855年，位于阿比西尼亚西部边陲的卡萨分别征服了贡德尔、阿姆哈拉和提格雷等地方势力，而后统一了阿比西尼亚，最后加冕称帝，称提奥多尔二世。称帝后，卡萨试图以西方的先进技术来改变国家的落后面貌，但显然，该国的统一和改革并不符合西方殖民者的利益。1868年年初，英国借口其领事和多名传教士被阿比西尼亚当局扣押，派R.C.内皮尔率领由13000名英国人和印度人组成的远征军讨伐阿比西尼亚，称之为"惩罚性远征"。同年4月13日，英国远征军攻陷当时的阿比西尼亚首都马格达拉，并释放了所有被扣押的人质。提奥多尔二世则兵败自杀。

战争结束后，1869年3月1日，英国政府设立了"阿比西尼亚战争奖章"。据统计，该奖章一共颁发了14000枚，其中12000枚授予参与军事行动的英国陆军和印度军队，另2000枚授予与该军事行动有关的英国皇家海军部队。

奖章为圆形，银制，与以往所颁奖章相比，阿比西尼亚战争奖章尺寸较小，直径只有33毫米。奖章正面是中年的维多利亚女王侧面像，她头戴王冠，披着纱巾。肖像外圈排列有9个尖角，间隙处分别有一个大写字母。9个字母组成了"阿比西尼亚"（ABYSSINIA）。奖章背面的中央刻有奖章获得者的名字和所在单位，被一圈桂冠环绕。奖章上部连接着一个小王冠饰，王冠顶部以一个圆环连接绶带。奖章绶带宽38毫米，配色为白—红—白条纹。

▲ 阿比西尼亚战争奖章。供图/DNW

▲ 反映马格达拉战役场景的素描画

阿散蒂奖章和阿散蒂之星
Ashantee Medal & Ashanti Star

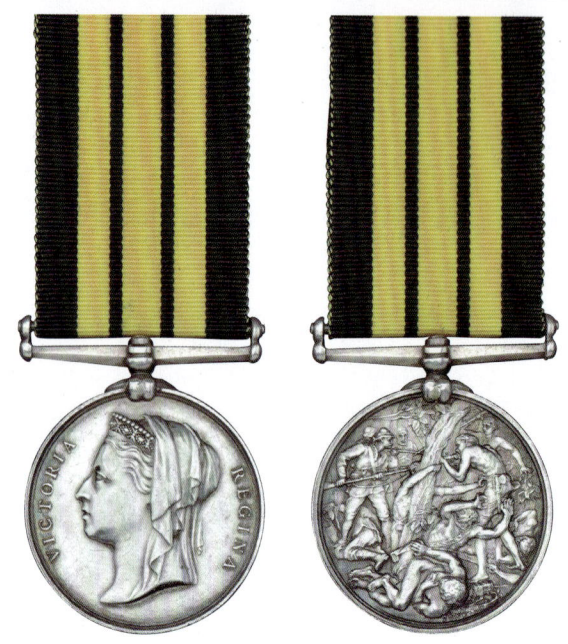

15世纪末，葡萄牙殖民者入侵非洲中部的几内亚，在如今的加纳发现了金矿。随后，各国殖民者纷至沓来。到17世纪末，葡萄牙、荷兰、英国、法国、瑞典和丹麦各国纷纷在加纳沿海建立据点，为争夺黄金、象牙、奴隶等贸易的垄断权展开了激烈斗争。最终，英国凭借工业革命以后发展出的强大实力击败了诸多竞争者。与此同时，阿散蒂联邦（位于如今的贝宁和加纳中南部）崛起。19世纪初，阿散蒂联邦成为几内亚湾沿岸的强国之一，也成为英国向西非内陆扩张的障碍。从1806年到19世纪中叶，英国与阿散蒂联邦前后发生过六次战争，占领了阿散蒂联邦部分沿海地区。

1872年，英国取得了荷兰在黄金海岸的所有殖民据点，包括阿散蒂人唯一可利用的港口埃尔米纳。次年，埃尔米纳原住民起义爆发，阿散蒂联邦

VICTORIA
REGINA

▲阿散蒂奖章。供图/DNW

▼反映英军击败阿散蒂军队的画作

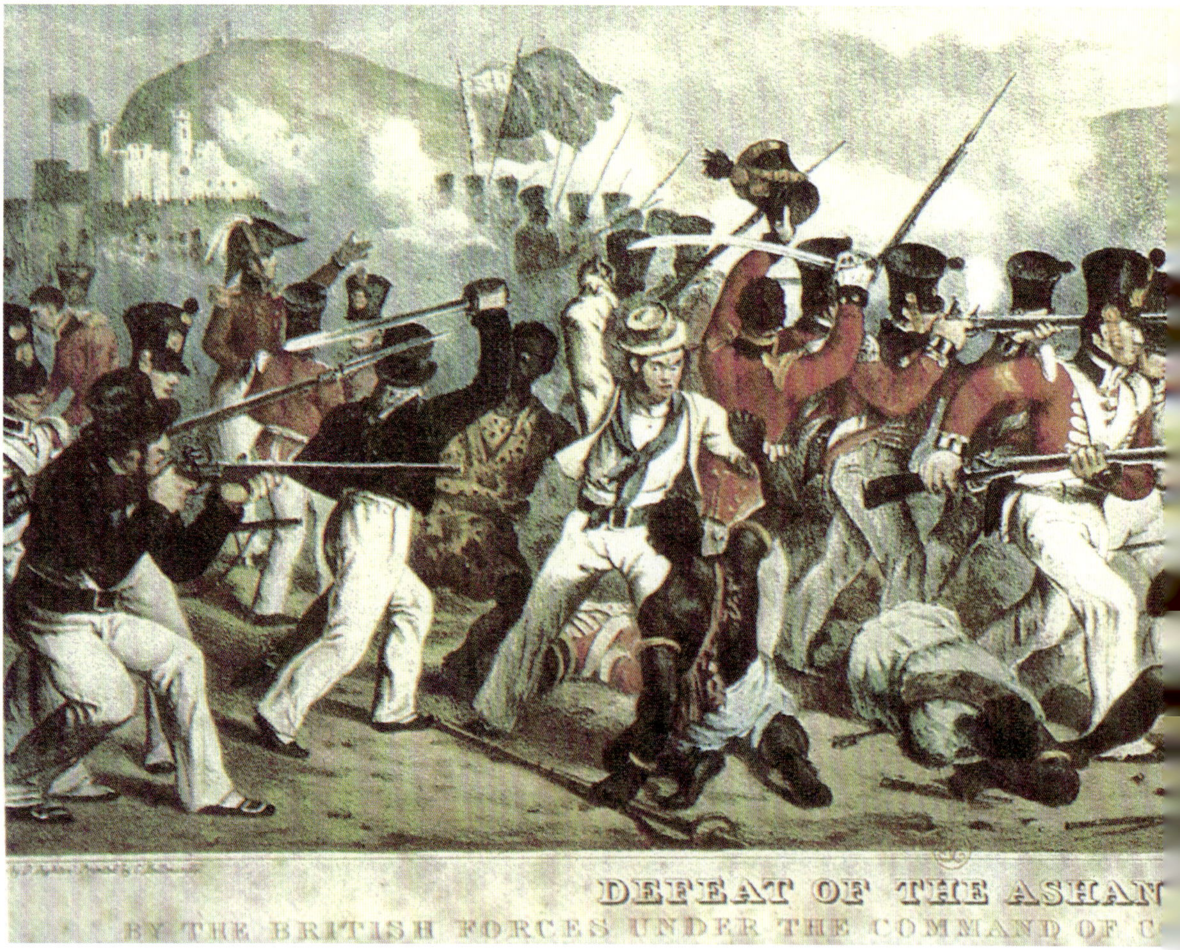
DEFEAT OF THE ASHAN
BY THE BRITISH FORCES UNDER THE COMMAND OF C

▲ 带 "COOMASSIE" 铭条的阿散蒂奖章。供图/DNW

派军支援，英国命沃尔斯雷将军率领英军和当地雇佣军前往阻截，第七次战争爆发。6月13日，英军军舰炮轰埃尔米纳，占领了该城。随后英军进逼阿散蒂首都库马西。1874年年初，英军在付出一百多人的伤亡后占领了库马西，炸毁皇宫，焚烧全城。战争结束后，英国与阿散蒂签订《福门纳条约》，阿散蒂联邦失去了沿海几个土邦的主权，并向英国赔偿5万盎司黄金。经此一战，阿散蒂联邦实力大损，随后逐渐走向了解体。

战争结束后，1874年6月1日，英国设立了"阿散蒂奖章"，颁发给参与此次战争的英国陆军、皇家海军以及殖民地军队。有资料显示，该奖章一共颁发了一万多枚。奖章为银制，圆形，直径36毫米，正面是中年的维多利亚女王侧面肖像，她头戴王冠，披着纱巾，两侧刻有"维多利亚女王"（VICTORIA REGINA）字样。奖章背面则刻画了英军与持有简陋武器的土著军队作战的情景。奖章顶部有一根圆柱形长杆，用以连接绶带。绶带底色为黑色，中央有三道黄色条纹。奖章侧面刻有奖章获得者的名字和所在单位，以及这场战役发生的时间。其中陆军刻的是"1873—4"，而海军刻的是"73—74"。该奖章还设置了铭条"库马西"（COOMASSIE），授予参与进攻阿散蒂王国首都库马西以及相关军事行动的人员。

▲ 阿散蒂之星。供图/Baldwin's

▲ 带 "KUMASSI" 铭条的阿散蒂奖章（1900年版）。供图/DNW

▲ 阿散蒂奖章（1900年版）。供图/DNW

轻松击败了阿散蒂人。战后，整个阿散蒂联邦成为英国直辖殖民地。1901年，英国国王爱德华七世按照惯例设立了"阿散蒂奖章"，奖章有银和铜两种材质，颁发给参战的有关人员。

随着势力范围不断向非洲内陆扩张，英国政府在1887—1899年间陆续设立了"东非和西非奖章"（East and West Africa Medal）、"中非奖章"（Central Africa Medal）、"东非和中非奖章"（East and Central Africa Medal），用以颁发给1887—1900年之间在东非、西非、中非参与一系列殖民地战争的英国军人、后勤人员和非洲本地的劳工。其中军人可以获得银制奖章，本地劳工则是铜制奖章。东非和西非奖章在章体和绶带设计上与阿散蒂奖章完全相同。

▲ 一名佩戴着阿散蒂奖章、东非和西非奖章、中非奖章等的英国非洲步枪团军官

▶ 带 "WITU 1890" 铭条的东非和西非奖章。供图/DNW

在英国人不断的打击下，曾经强大的阿散蒂联邦走向了衰落。为了进一步控制阿散蒂，1896年，英国借口阿散蒂未能妥善履行赔款条约，挑起了新的战争，并派出远征军再次攻占库马西，又一次烧毁城池。随后英国宣布阿散蒂为其保护国。同年，英国政府设立了"阿散蒂之星"，颁发给参战的英国陆军官兵，奖章为铜制，共颁发约2000枚。

1900年，英国驻黄金海岸总督勒令阿散蒂国王交出其象征王位和主权的金板凳，遭到拒绝后，双方战端又起，装备了马克沁机枪等新式武器的英军

▲ 带 "MWELE" 铭条的东非和西非奖章。供图/DNW

▲ 带 "1887–8" 铭条的东非和西非奖章。供图/DNW

▲ 带 "1891–2" 铭条的东非和西非奖章。供图/DNW

▲ 带 "1892" 铭条的东非和西非奖章。供图/DNW

▲ 带 "JUBA RIVER 1893" 铭条的东非和西非奖章。供图/DNW

▲ 带 "LIWONDI 1893" 铭条的东非和西非奖章。供图/DNW

▲ 带 "LAKE NYASSA 1893" 铭条的东非和西非奖章。供图/DNW

▲ 带 "WITU AUGUST 1893" 铭条的东非和西非奖章。供图/DNW

► 带 "1893–94" 铭条的东非和西非奖章。供图/DNW

▲ 带"GAMBIA 1894"铭条的东非和西非奖章。供图/DNW

▲ 带"BRASS RIVER 1895"铭条的东非和西非奖章。供图/DNW

▲ 带"BENIN RIVER 1894"铭条的东非和西非奖章。供图/DNW

▲ 带"1896-98"铭条的东非和西非奖章。供图/DNW

▲ 带 "BENIN 1897" 铭条的东非和西非奖章。供图/DNW

▲ 带 "NIGER 1897" 铭条的东非和西非奖章。供图/DNW

▲ 带 "1898" 铭条的东非和西非奖章。供图/DNW

▲ 带 "SIERRA LEONE 1898-99" 铭条的东非和西非奖章。供图/DNW

▲ 带 "DAWKITA 1897" 铭条的东非和西非
奖章。供图/DNW

▲ 带 "1897–98" 铭条的东非和西非奖章。供图/DNW

▲ 带 "1899" 铭条的东非和西非奖章。供图/
DNW

▲ 带 "1900" 铭条的东非和西非奖章。供图/DNW

▲ 带 "WITU AUGUST 1893" 铭条的东非和西非奖章。供图/DNW

▲ 带 "BENIN RIVER 1894" 和 "BRASS RIVER 1895" 铭条的东非和西非奖章。供图/DNW

▲ 带 "BENIN RIVER 1894" 和 "BENIN 1897" 铭条的东非和西非奖章。供图/DNW

▲ 带 "BENIN RIVER 1894" 和 "GAMBIA 1894" 铭条的东非和西非奖章。供图/DNW

▲ 带 "1892" 和 "1893-94" 铭条的东非和西非奖章。供图/DNW

▲ 带"1892"和"SIERRA LEONE 1898–99"铭条的东非和西非奖章。供图/DNW

▲ 带"1893–94"和"SIERRA LEONE 1898–99"铭条的东非和西非奖章。供图/DNW

▲ 带"1897–98"和"SIERRA LEONE 1898–99"铭条的东非和西非奖章。供图/DNW

▲ 带"BENIN 1897"和"SIERRA LEONE 1898–99"铭条的东非和西非奖章。供图/DNW

▲ 带"1892""1893–94"和"SIERRA LEONE 1898–99"铭条的东非和西非奖章。供图/DNW

▲ 带"BENIN 1897""BENIN RIVER 1894"和"BRASS RIVER 1895"铭条的东非和西非奖章。供图/DNW

▲ 带 "GAMBIA 1894" "BENIN RIVER 1894" 和 "BRASS RIVER 1895" 铭条的东非和西非奖章。供图/DNW

▲ 带 "1893–94" "1892" 和 "1887-8" 铭条的东非和西非奖章。供图/DNW

▲ 带 "BENIN 1897" "WITU AUGUST 1893" 和 "1892" 铭条的东非和西非奖章。供图/DNW

▲ 带 "1897–98" "1893–94" "1892" 和 "SIERRA LEONE 1898–99" 铭条的东非和西非奖章。供图/DNW

▲ 带 "1893–94" "1892" "1891–2" 和 "1887–8" 铭条的东非和西非奖章。供图/DNW

▲ 带 "1893–94" "1892" 和 "SIERRA LEONE 1898–99" 铭条的东非和西非奖章。供图/DNW

▲ 带 "CENTRAL AFRICA 1894–98" 铭条的中非奖章。供图/DNW

▲ 铜制东非和中非奖章。供图/DNW

▲ 带 "UGANDA 1897–98" 铭条的东非和中非奖章。供图/Baldwin's

▲ 带 "UGANDA 1899" 铭条的东非和中非奖章。供图/DNW

▲ 带 "LUBWA'S" 和 "UGANDA 1897–98" 铭条的东非和中非奖章。
供图/DNW

▲ 带 "LUBWA'S" 和 "UGANDA 1897–98" 铭条的铜制东非和中非奖
章。供图/DNW

▲ 带 "1898" 铭条的东非和中非奖章。供图/DNW

▲ 带 "1898" 铭条的铜制东非和中非奖章。供图/DNW

◀ 带 "LUBWA'S" "UGANDA 1897–98" "1898" 和 "UGANDA 1899" 铭条的东非和中非奖章。供图/DNW

▲ 带 "1898" 和 "UGANDA 1899" 铭条的东非和中非奖章。供图/DNW

南非奖章
South Africa Medal

　　1811—1853年间，英国殖民者与位于南非的土著科萨人陆续爆发了5场战争，并最终征服了科萨人，将其纳入开普殖民地。1854年，战争结束后，英国政府向参战军人颁发了"南非奖章"。在随后的几十年里，英国殖民者持续向内陆扩张，并于19世纪晚期不断与祖鲁王国（位于现南非东北部）发生冲突。与之前的科萨人不同，祖鲁人一直以骁勇善战著称，祖鲁军队虽然武器原始，但讲求战术和勇气，是当时南部非洲比较强大的一股势力。

　　1879年1月，英国借由一次领土争端，向祖鲁发出了最后通牒，遭拒绝后即刻挑起了战争。1月22日，战争刚一开始，祖鲁就在伊桑德瓦纳战役中击败了轻敌的英国军队，致后者损失了1300多人以及大量的装备物资，震惊了英国乃至整个欧洲。不甘失败的英国卷土重来，并在7月4日的乌伦迪战役中，凭借加特林机枪等先进武器，击败了祖鲁人，结束了英祖战争，将祖鲁王国并入英国在南非的殖

▲ 反映伊桑德瓦纳战役的油画

民地范围。值得一提的是，流亡英国的拿破仑四世（欧仁·波拿巴，前法国皇帝拿破仑三世的独子）立功心切，也参与了这次战争，但在一次侦察行动中阵亡。拿破仑四世之死在欧洲王室中掀起轩然大波，也断送了支持波拿巴家族的法国保王党的最后希望。

战争结束后，1880年8月，英国政府再次设立"南非奖章"，颁发给1877年9月—1879年12月之间在非洲南部的开普、纳塔尔、德兰士瓦三个殖民地参与一系列战争的英国陆军、皇家海军和殖民地志愿者。由于1879年的祖鲁战争是这段时间规模最大、最重要的冲突，奖章的获得者也大多都参与了此次战争，因此1880年版"南非奖章"通常也会被称为"祖鲁战争奖章"，据统计，该奖章一共颁发了约36600枚。

1880年版南非奖章为圆形，银制，其造型与之前颁发的1853年版南非奖章几乎一样：奖章正面是头戴王冠的英国维多利亚女王侧面肖像，环绕文字"维多利亚女王"（VICTORIA REGINA）；背面是一头倚靠着棕榈树、半躺在地面的狮子，上缘有一行铭文"南非"（SOUTH AFRICA）。1853年版的背面下缘是年份，而1880年版的则是图案：一面祖鲁盾牌和四把相交的长矛。奖章顶部有花瓣造型的连接环，用以连接绥带。1880年版奖章绥带与1853年版的类似，宽32毫米，底色为金黄色，两边各有一粗一细两道深蓝色线条，呈对称分布。同时，该奖章还设置有

7种年份铭条，分别是"1877""1877-8""1877-8-9""1877-9""1878""1878-9"和"1879"，颁发给不同时间参与战争的军人。

第二次布尔战争以后，英国人对祖鲁人的压迫与日俱增。1906年，位于南非殖民地纳塔尔省的祖鲁酋长班巴塔发起反对英国殖民统治的武装起义，

▲ 带"1877"铭条的南非奖章。供图/DNW

▲ 反映乌伦迪战役的油画

▲ 带 "1877–8" 铭条的南非奖章。供图/DNW

▲ 南非奖章。供图/DNW

▲ 带 "1877–8–9" 铭条的南非奖章。供图/DNW

但起义被殖民地军警镇压。3000—4000名祖鲁人被杀，超过7000人被投入监狱。1907年，英国政府设立"纳塔尔叛乱奖章"（Natal Rebellion Medal），颁发给参与镇压祖鲁人的殖民地军队和警察部队，奖章为银制，圆形，直径36毫米。有资料显示，该奖章共颁发约1万枚。

▲ 带 "1878" 铭条的南非奖章。供图/DNW

▲ 带 "1878–9" 铭条的南非奖章。供图/DNW

▲ 纳塔尔叛乱奖章。供图/DNW

▲ 带 "1906" 铭条的纳塔尔叛乱奖章。供图/DNW

▲ 带 "1879" 铭条的南非奖章。供图/DNW

▲ 攻打坎大哈的英军

第二次阿富汗战争奖章
Afghanistan Medal 1878-80

第一次英阿战争（1839—1842年）对英国来说是一场灾难，这次战争中，英军损失3万人以上，被迫撤出阿富汗。此后30多年里，英属印度和阿富汗大体保持了和平的局面。19世纪70年代，英俄两国在阿富汗南北两侧持续扩张，意图争夺这一地区的控制权。面对英俄两国的威胁，阿富汗王国选择了倒向沙俄，并拒绝了英国使团的来访。英国政府不能容忍阿富汗与沙俄结盟，便以使团访阿遭拒为由，发动了第二次英阿战争。

1878年11月，主要由印度人组成的英军3.5万人分三路入侵阿富汗。战争初期，英军攻势凌厉，迅速占领了坎大哈和贾拉拉巴德，并向阿富汗首都喀布尔进军。屡战屡败之下，阿富汗请求俄国援助，但沙俄当时的战略重点在欧洲，因此拒绝出兵相助。最终，阿富汗政府在1879年5月26日同英方签订了丧权辱国的《甘达马克条约》，阿富汗成为英国的附属国。《甘达马克条约》的签订激起了阿富汗国内一片义愤。9月8日，喀布尔起义爆发，很快革命之火蔓延到阿富汗全国。愤怒的士兵和民众包围了殖民者官邸，杀死了英国总督。1880年7月27日，2.5万名阿富汗武装在坎大哈附近与英军一个约2500人的旅爆发了迈万德会战，英军伤亡1000多人，在援军挽救下才免遭全

▲ 第二次英阿战争期间使用大象的英军炮兵部队

歼。随后，坎大哈等阿富汗主要城市都被各地抗英武装包围。1881年4月，英军放弃了侵占阿富汗的计划，全部撤出阿富汗，并与阿富汗统治者签订妥协性协定，同意阿富汗内政自主，但外交仍受英国控制。

战争结束后，1881年3月19日，英国政府设立了"第二次阿富汗战争奖章"，颁发给1878—1880年参与第二次英阿战争的英国和印度军队。奖章为圆形，银制，直径36毫米。奖章正面图案为中年的维多利亚女皇侧面肖像，戴冠披纱。与之前的奖章正面设计显著不同的是，女皇肖像的外围用拉丁文刻了"维多利亚女王兼女皇"（VICTORIA REGINA ET IMPERATRIX）字样，这是因为1876年，英国女王维多利亚又加冕成为印度女皇。在此之后，连续五任英国国王都沿用印度皇帝的称号，直到1947年印度、巴基斯坦独立。

奖章背面描绘的是一支由步兵和骑兵组成的部队，伴着大象和大炮，上缘刻着"阿富汗"（AFGHANISTAN）字样，下方则刻着这场战争的时间"1878—79—80"。奖章顶部有一根圆柱形的长杆，用以连接绶带。配套绶带宽33毫米，中央是草绿色，两边为深红色。阿富汗奖章另设有6种铭条，分别为："阿里清真寺"（ALI MUSJID）、"佩瓦尔山口"（PEIWAR KOTAL）、"沙赫尔"（CHARASIA）、"喀布尔"（KABUL）、"艾哈迈德·海勒"（AHMED KHEL）和"坎大哈"（KANDAHAR）。

▲ 带"ALI MUSJID"铭条的第二次阿富汗战争奖章。供图/DNW

▲ 第二次阿富汗战争奖章。供图/DNW

▲ 带"PEIWAR KOTAL"铭条的第二次阿富汗战争奖章。供图/DNW

▲ 带 "CHARASIA" 铭条的第二次阿富汗战争奖章。供图/DNW

▲ 带 "KABUL" 铭条的第二次阿富汗战争奖章。供图/DNW

▲ 带 "AHMED KHEL" 铭条的第二次阿富汗战争奖章。供图/DNW

▲ 带 "KANDAHAR" 铭条的第二次阿富汗战争奖章。供图/DNW

▲ 带"CHARASIA"和"KABUL"铭条的第二次阿富汗战争奖章。供图/DNW

▲ 带"AHMED KHEL"和"KANDAHAR"铭条的第二次阿富汗战争奖章。供图/DNW

▲ 带"CHARASIA""KANDAHAR"和"KABUL"铭条的第二次阿富汗战争奖章。供图/DNW

▲ 带"PEIWAR KOTAL""CHARASIA"和"KABUL"铭条的第二次阿富汗战争奖章。供图/DNW

▲ 带"KABUL"和 "KANDAHAR"铭条的第二次 阿富汗战争奖章。供图/DNW

▲ 带"PEIWAR KOTAL"和 "KANDAHAR"铭条的第二次 阿富汗战争奖章。供图/DNW

▲ 带"ALI MUSJID"和 "KABUL"铭条的第二次阿富 汗战争奖章。供图/DNW

▲ 带"ALI MUSJID""KABUL" 和"KANDAHAR"铭条的第二次 阿富汗战争奖章。供图/DNW

▲ 带"PEIWAR KOTAL""CHARASIA""KANDAHAR"和 "KABUL"铭条的第二次阿富汗战争奖章。供图/DNW

　　同年，英国政府还设立了"喀布尔到坎大哈之 星"（Kabul to Kandahar Star），授予在1880年8月9 日—8月31日期间跟随弗雷德里克·罗伯茨将军从阿 富汗首都喀布尔行军480公里到达坎大哈，随后在坎 大哈战役中击败抗英武装，打破坎大哈被围困局面 的英国和印度军人。而参加过此次战役的军人将同 时获得配有"坎大哈"铭条的阿富汗奖章和"喀布 尔到坎大哈之星"这两枚奖章。

　　"喀布尔到坎大哈之星"由在坎大哈战役中缴 获的阿富汗人的枪支熔铸而成，铜质，主体呈五角 星形，高62毫米，宽48毫米。奖章正面中央是英国 维多利亚女王的标记"VRI"，外圈刻着"喀布尔 到坎大哈 1880年"（Kabul to Kandahar 1880）字 样。奖章背面中心为空心，边缘刻着奖章获得者的 名字。奖章上部有一个皇冠饰，顶部有一个圆环， 用以连接绶带。配套绶带为米白色底，上有红—黄 —蓝色渐变条纹。东印度公司之前所颁发的战役 奖章通常也使用这种绶带。

▲喀布尔到坎大哈之星。供图/DNW

▲佩戴着三个铭条的第二次阿富汗战争奖章和喀布尔到坎大哈之星的一名军官

埃及奖章
Egypt Medal

　　1798年，拿破仑入侵埃及，英国联合土耳其击败了法军。之后，名义上是土耳其恢复了对埃及的统治，但实际上是英国掌握了埃及的命脉。1851年，英国取得了修建亚历山大至开罗铁路的特权，1856年，法国取得了开凿苏伊士运河的特权。1869年，经过10年施工，以12万名埃及劳工的生命为代价，苏伊士运河终于开通。1875年，英国获得苏伊士运河公司44%的股票，取得了运河控制权。1876年，埃及政府宣布财政破产，英法两国趁机掌握了埃及的财政大权和经济命脉，彻底控制了埃及，而埃及总督则沦为他们的傀儡。

　　面对殖民者的大肆掠夺，1881年9月，埃及陆军中校阿拉比率陆军起义。起义者以"埃及是埃及人的埃及"为口号，获得了士兵、农民等大多数埃及人的支持，并逐渐掌握了埃及政权。眼看形势失控，英国遂进行武装干涉，试图控制苏伊士运河乃至整个埃及。

　　1882年7月，英国一支分舰队炮击并占领了埃及的亚历山大港。8月，4万多名英军在苏伊士运河地区登陆，向开罗推进。9月13日，两军在开罗附近的特勒凯比尔展开决战。由于埃及军队中的贝都因部落被英国人收买，埃军最终战败，标志着埃及完全沦为英国的殖民地。这场持续了3个月的战争也随之落幕。

▲弗雷德里克·罗伯茨将军，可以看到其佩戴着四个铭条的第二次阿富汗战争奖章和喀布尔到坎大哈之星。供图/DNW

战争结束后，1882年10月，英国政府设立"埃及奖章"，授予在1882年参与战争的英国陆军和皇家海军。后期，奖章授予范围扩大，包括参与了1884—1889年与苏丹战争的军人也获得了该奖章。

埃及奖章为银制，圆形，直径36毫米。奖章正面图案为中年维多利亚女皇左侧肖像，女王披纱戴冠，外圈用拉丁文刻着"女王兼女皇"（REGINA ET IMPERATRIX）；奖章背面图案是埃及的象征——狮身人面像，图案上方刻着"埃及"（EGYPT）字样，下方刻着这场战争的时间——1882年。后期，也有部分奖章没有刻上时间。

奖章顶部有一根圆柱形长杆，用以连接绶带。配套绶带为蓝—白—蓝—白—蓝条纹。奖章设立了

▲ 反映特勒凯比尔之战的画作

▲ 埃及亚历山大港内的英军装甲列车

▲ 埃及奖章。供图/DNW

▲ 带有"ALEXANDRIA 11ᵀᴴ JULY"铭条的埃及奖章。供图/DNW

13种铭条，其中2种授予参与英埃战争中的军事人员，另11种授予参与1884—1889年与苏丹战争的军事人员。这13种铭条分别是："亚历山大7月11日"（Alexandria 11th July）、"特勒凯比尔"（Tel-El-Kebir）、"萨瓦金 1884"（Suakin 1884）、"艾尔杜卜"（El-Teb）、塔马"（Tamaai）、

"艾尔杜卜-塔马（El-Teb_Tamaai）、"尼罗河 1884—1885年"（The Nile 1884-85）、"阿布克莱"（Abu Klea）、"克尔贝坎"（Kirbekan）、萨瓦金 1885年"（Suakin 1885）、"通法科"（Tofrek）、"詹梅本 1888年"（Gemaizah 1888）和"托斯基 1889年"（Toski 1889）。

▲ 带有 "TEL-EL-KEBIR" 铭条的埃及奖章。供图/DNW

▲ 带有 "EL-TEB" 铭条的埃及奖章。供图/DNW

▲ 带有 "TAMMAI" 铭条的埃及奖章。供图/DNW

▲ 带有 "SUAKIN 1884" 铭条的埃及奖章。供图/DNW

▲ 带有 "SUAKIN 1885" 铭条的无年代版埃及奖章。供图/DNW

▲ 带有 "TOSKI 1889" 铭条的埃及奖章。供图/DNW

▲ 带有"GEMAIZAH 1888"铭条的埃及奖章。供图/DNW

▲ 带有"THE NILE 1884-85"铭条的埃及奖章。供图/DNW

▲ 带有"EL-TEB_TAMAAI"铭条的无年代版埃及奖章。供图/DNW

◄ 带有"EL-TEB_TAMMAI"和"THE NILE 1884-85"铭条的无年代版埃及奖章。供图/DNW

▲ 带有"ALEXANDRIA 11TH JULY"和"SUAKIN 1884"铭条的埃及奖章。供图/DNW

▲ 带有 "ABU KLEA" 和 "THE NILE 1884-85" 铭条的埃及奖章。供图/DNW

▲ 带有 "GEMAIZAH 1888" 和 "TOSKI 1889" 铭条的埃及奖章。供图/DNW

▲ 带有 "TEL-EL-KEBIR" 和 "SUAKIN 1885" 铭条的埃及奖章。供图/DNW

▲ 带有 "SUAKIN 1884" 和 "SUAKIN 1885" 铭条的埃及奖章。供图/DNW

▲ 带有 "SUAKIN 1885" 和 "TOFREK" 铭条的埃及奖章。供图/DNW

▲ 带有 "SUAKIN 1885" 和 "TOFREK" 铭条的无年代版埃及奖章。供图/DNW

▲ 带有"TEL–EL–KEBIR"和"THE NILE 1884–85"铭条的埃及奖章。供图/DNW

▲ 带有"SUAKIN 1884"和"TEL–EL_TAMMAI"铭条的埃及奖章。供图/DNW

▲ 带有"SUAKIN 1884"和"TAMMAI"铭条的埃及奖章。供图/DNW

▲ 带有"THE NILE 1884–85"和"KIRBEKAN"铭条的埃及奖章。供图/DNW

▲ 带有"TEL–EL–KEBIR""SUAKIN 1884"和"EL–TEB_TAMAAI"铭条的埃及奖章。供图/DNW

▲ 带有"TEL–EL–KEBIR""SUAKIN 1884"和"TAMAAI"铭条的埃及奖章。供图/DNW

▲ 带有 "TEL-EL-KEBIR" "THE NILE 1884–85" 和 "ABU KLEA" 铭条的埃及奖章。供图/DNW

▲ 带 有 " E L - T E B _ TAMAAI" "THE NILE 1884– 85" 和 "KIRBEKAN" 铭条的埃及奖章。供图/DNW

▲ 带 有 " E L - T E B _ TAMAAI" "THE NILE 1884– 85" 和 "ABU KLEA" 铭条的埃及奖章。供图/DNW

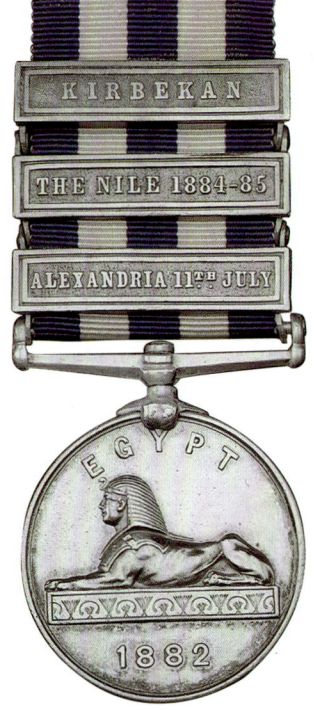

▲ 带有 "ALEXANDRIA 11TH JULY" "THE NILE 1884–85" 和 "KIRBEKAN" 铭条的埃及奖章。供图/DNW

▶ 带有 "TEL-EL-KEBIR" "SUAKIN 1884" "EL-TEB_ TAMAAI" 和 "THE NILE 1884–85" 铭条的埃及奖章。供图/DNW

▲ 带有 "SUAKIN 1884" "EL-TEB_TAMAAI" 和 "THE NILE 1884-85" 铭条的埃及奖章。供图/DNW

▲ 带有 "SUAKIN 1885" "GEMAIZAH 1888" 和 "TOSKI 1889" 铭条的埃及奖章。供图/DNW

▲ 带有 "EL-TEB_TAMAAI" "SUAKIN 1885" 和 "TOFREK" 铭条的埃及奖章。供图/DNW

▲ 带有 "EL-TEB" "THE NILE 1884-85" 和 "KIRBEKAN" 铭条的埃及奖章。供图/DNW

▲ 带有 "SUAKIN 1884" "EL-TEB_TAMAAI" "THE NILE 1884-85" 和 "ABU KLEA" 铭条的埃及奖章。供图/DNW

▲ 带有 "SUAKIN 1884" "EL-TEB" "THE NILE 1884-85" 和 "KIRBEKAN" 铭条的埃及奖章。供图/DNW

▲ 带有 "SUAKIN 1884" "EL-TEB" "THE NILE 1884-85" 和 "ABU KLEA" 铭条的埃及奖章。供图/DNW

▲ 带有 "ALEXANDRIA 11TH JULY" "TEL-EL-KEBIR" "SUAKIN 1884" 和 "EL-TEB_TAMAAI" 铭条的埃及奖章。供图/DNW

▲ 带有 "TEL-EL-KEBIR" "SUAKIN 1884" "EL-TEB" "THE NILE 1884-85" 和 "KIRBEKAN" 铭条的埃及奖章。供图/DNW

▲ 带有 "TEL-EL-KEBIR" "SUAKIN 1884" "EL-TEB_TAMMAI" "THE NILE 1884-85" 和 "KIRBEKAN" 铭条的埃及奖章。供图/DNW

值得一提的是，1882年，埃及被英国击败后，沦为英国傀儡的埃及赫迪夫（相当于总督）陶菲克帕夏也在当年设立了"赫迪夫之星"，颁发给1882—1891年期间参与镇压起义和与苏丹马赫迪作战的英国、印度和埃及军人。所以，获得过埃及奖章的英国和埃及军人，基本上也会相应获得赫迪夫之星。该奖章为铜制，呈五角星形，高60毫米，宽42毫米。正面中央图案是浮雕的金字塔和狮身人面像，外环上下分别用英文和埃及文字刻着"埃及1882年"字样。奖章背面则有陶菲克帕夏的标记，标记上方是一顶王冠图案。奖章顶部与绶带连接处为伊斯兰风格的星月饰。配套绶带为纯海蓝色。该奖章共设置了4种铭条。

英属南非公司奖章
British South Africa Company Medal

英国控制南非以后，不断深化殖民扩张，大肆掠夺南部非洲的丰富资源。1889年，在英国政府的支持下，一群英国商人和政府官员合并了一些殖民、矿产资源类公司，并模仿东印度公司成立了英属南非公司（British South Africa Company），意图从当时欧洲列强的"非洲争夺战"中分得一杯羹，同时促进中南部非洲的殖民化并实现对殖民地经济剥削，获得最大利润。

1888年，英国殖民者赛西尔·罗兹（Cecil Rhodes）从恩德贝莱国王手上取得该国领土内（今津巴布韦境内）的采矿权。1889年，他又替英属南非公司取得了这里的领土权。1890年，英属南非公司组建了一支殖民军，由212名南非白人和500名英属南非殖民地警察武装组成。在随后几年里，殖民军初步占领了这一地区，并于1895年正式建立殖民地"罗得西亚"（得名于罗兹）。在建立殖民地的过程中，殖民军与当地土著冲突不断，巨大的战争开销让英属南非公司险些破产。

1896年，在维多利亚女皇的建议下，英国政府设立了"英属南非公司奖章"，颁发给参与1893—1894年间第一次马塔贝莱兰战争的英国和殖民地军人。此次战争中，英军虽然只有一千多人，但他们装备了马克沁机枪等当时最先进的武器，给当地马

▲ 带有"TEL-EL-KEBIR""SUAKIN 1884""EL-TEB_TAMMAI""THE NILE 1884–85"和"ABU KLEA"铭条的埃及奖章。供图/DNW

▲ 赫迪夫之星

▲ 带有"TOKAR"铭条的赫迪夫之星。供图/DNW

塔贝莱兰人造成了巨大的伤亡，殖民军轻松取得了胜利。1896—1897年间，奖章的颁发范围还扩大到了参与第二次马塔贝莱兰战争、马绍纳兰部落冲突的英国和殖民地军人。

　　"英属南非公司奖章"为圆形，银制，直径36毫米。奖章正面图案为老年的维多利亚女皇的左侧面肖像，女皇披纱戴冠，外圈用拉丁文刻着"维多利亚女王"（VICTORIA REGINA）。奖章背面图案描绘了一头胸插长矛但情态勇猛的狮子，身

▲ 英属南非公司旗帜

▲ 英属南非公司还发行了自己的邮票

▲ MATABELELAND 1893年版英属南非公司
奖章。供图/DNW

▲ 英国著名的殖民主义者塞西尔·罗兹

▲ 1890年时的英属南非公司警察

下是当地土著的盾牌、长矛等武
器，下缘写着"英属南非公司"
（BRITISH SOUTH AFRICA
COMPANY），上缘则刻着奖章
获得者所参加的第一场战役的名
字及其时间，一共有三种版本，
分别为"马塔贝莱兰 1893年"
（Matabeleland 1893）、"罗
德西亚 1896年"（RHODESIA
1896）和"马绍纳兰1897年"
（Mashonaland 1897）。奖章顶
部有一个花环造型的半圆条杆，
用于连接绶带。配套绶带为橙色
底，上有三道深蓝色条纹。

英属南非公司奖章还设有四
种铭条，分别是："马塔贝莱兰
1893年"（Matabeleland 1893）、
"罗德西亚 1896年"（Rhodesia
1896）、"马绍纳兰1897年"
（Mashonaland 1897）、"马绍纳
兰1890年"（Mashonaland 1890，
设立于1927年）。

▲ MASHOLNALAND 1897年版英属南非公司奖章。供图/DNW

▲ 带"RHODESIA 1896"铭条的MATABELELAND 1893年版英属南非公司奖章。供图/DNW

▲ RHODESIA 1896年版英属南非公司奖章。供图/DNW

▲ 带"MASHOLNALAND 1897"铭条的MATABELELAND 1893年版英属南非公司奖章。供图/DNW

▲ 带 "MASHOLNALAND 1897" 铭条的RHODESIA 1896年版英属南非公司奖章。供图/DNW

▲ 带MASHOLNALAND 1890" 铭条的无年代版英属南非公司奖章。供图/DNW

▲ 带 "MATABELELAND 1893" 和 "MASHOLNALAND 1890" 铭条的无年代版英属南非公司奖章。供图/DNW

▲ 带 "MASHOLNALAND 1897" "RHODESIA 1896" 和 "MASHOLNALAND 1890" 铭条的无年代版英属南非公司奖章。供图/DNW

▲ 带 "RHODESIA 1896" 和 "MASHOLNALAND 1897" 铭条的 MATABELELAND 1893年版英属南非公司奖章。供图/DNW

▲ 带 "RHODESIA 1896" 和 "MASHOLNALAND 1890" 铭条的无年代版英属南非公司奖章。供图/DNW

◀ 带 "MATABELELAND 1893" "RHODESIA 1896" 和 "MASHOLNALAND 1890" 铭条的无年代版英属南非公司奖章。供图/DNW

女王的苏丹奖章
Queen's Sudan Medal

19世纪末，英国在逐步控制埃及的同时，也开始向其南边的苏丹渗透。1873年，埃及赫迪夫伊斯梅尔帕夏任命英国殖民者 C.G.戈登为苏丹总督（此人曾经在中国指挥洋枪队，与太平天国忠王李秀成部作战）。1879年6月，英国胁迫奥斯曼帝国皇帝废黜伊斯梅尔帕夏，戈登也被迫去职。从此埃及在苏丹的统治机构陷于瘫痪。1881年，苏丹爆发了马赫迪起义，起义部队提出"推翻异教徒""不交一文税"的口号，得到了广大劳动者的支持，起义规模不断扩大。在英国的授意下，埃及派出由英方训练指挥的一万多人前往镇压。1883年，这支部队遭遇马赫

▶ 身着苏丹将军礼服的查尔斯·乔治·戈登。因其在中国的赫赫经历，英国人将其称作"中国人戈登"

▲ 反映马赫迪起义军的画作

▲ 反映恩图曼战役的插画

迪部的伏击，全军覆没。1884年2月，英国政府派戈登固守喀土穆，随即遭到马赫迪军队的围攻。1885年1月，马赫迪率军攻下喀土穆，击毙戈登，两天后，英军被迫撤出苏丹。击退英国后，马赫迪领导下的苏丹暂时取得了独立并建立了政权。

1896年，不甘失败的英国和埃及军队卷土重来。凭借新装备的马克沁机枪等新式武器，英国和埃及军队不断粉碎马赫迪人的抵抗。1898年9月2日双方爆发了恩图曼战役，2万余英埃联军轻松击败6万马赫迪军，后者伤亡超过了3万，而联军方面伤亡不足千人。这场战争中，以马克沁机枪、李恩

▲ 铜制赫迪夫的苏丹奖章。供图/DNW

▲ 女王的苏丹奖章。供图/DNW

▲ 银制赫迪夫的苏丹奖章。供图/DNW

▲ 青年时期的丘吉尔佩戴着印度奖章、女王的苏丹奖章、南非奖章和赫迪夫的苏丹奖章

菲尔德步枪为代表的先进武器得到了充分应用，而马克沁机枪的发明者——海勒姆·马克沁，因其对速射武器发展的贡献，于1901年被维多利亚女皇册封为爵士。1899年，英国和埃及签订英埃共管苏丹的协定，苏丹再次丧失独立地位，实际上沦为了英国的殖民地。

战争结束后，1899年，英国政府设立了"女王的苏丹奖章"，颁发给1896—1889年在苏丹参与军事行动的英国和埃及军人。值得一提的是，1898年，当时年仅24岁的温斯顿·丘吉尔以中尉军衔参加了恩图曼战役，并在战争中数次遇险，战后，他也获得了女王的苏丹奖章。

该奖章为银制，圆形，直径36毫米，颁发给参加战争的英国、埃及军人，也有部分铜制的奖章发给搬运工以及当地非战斗人员。奖章正面图案为老年的维多利亚女王半身像，女王披纱戴冠，手持权杖，外圈为拉丁文的铭文"维多利亚女王兼女皇"（VICTORIA REGINA ET IMPERATRIX）。奖章背面刻画的是胜利女神像，女神两翼微张，双臂伸展，一手持棕榈枝，一手持桂冠，两侧分别是英国和埃及的国旗。女神坐在一个由尼罗河百合撑起的底座上，底座内刻着"苏丹"（SUDAN）。配套绶带一半黄一半黑，中央以一道红色细条纹隔开。

1897年2月，埃及政府也相应设立了"赫迪夫的苏丹奖章"，颁发给参与此次战争的埃及和英国军人，该奖章持续颁发到1908年。赫迪夫的苏丹奖章也有银和铜两个版本，圆形，直径39毫米，在1897—1908年间一共设有15种铭条。

▲ 佩戴着女王的苏丹奖章和赫迪夫的苏丹奖章的一名英军士兵

女王的南非奖章
Queen's South Africa Medal

南非的开普殖民地在19世纪初尚未被英国控制之前，白人居民主要由荷兰、德国和法国移民组成，他们被称为"布尔人"，源于荷兰语"农民"（Boer)一词。拿破仑战争后，开普殖民地成为英国属地。但很快，大批布尔人就因不满殖民地当局关于边界及释放奴隶的自由政策而离开了殖民地，向东北内陆迁徙。19世纪中叶，这些离开的布尔人又建立了德兰士瓦共和国和奥兰治自由邦。1880—1881年，英国人和布尔人爆发了第一次布尔战争。战后，德兰士瓦共和国承认英国对其的宗主权。1886年，淘金者在德兰士瓦发现了当时世界上最大的金矿，由此，以英国人为主的欧洲移民大量涌入该国，加剧了布尔人与英国人的矛盾。随后布尔人又出台了一系列严苛的税收、入籍政策，更是加深了两国政府间的矛盾。1899年10月9日，德兰士瓦在德国的支持下向英国发出最后通牒，要求英国将一

▲ 布尔人部队离开车站开赴前线

▲ 布尔战争中的英军炮兵

▲ 正在作战的布尔人

切有争议的问题付诸外交仲裁，并撤离增派到南非的军队。在遭到英国政府的拒绝后，德兰士瓦共和国与奥兰治自由邦联邦议会向英国宣战，第二次布尔战争爆发。这场战争也是一战爆发前英国参与的最大规模的战争。

这场战争持续了3年多。初期，英军长途跋涉，准备也不充分，面对装备齐全、长于射击、熟知地形的布尔人，几次遭遇战均受到惨重损失。1900年年初，英军得到来自本土、澳大利亚、新西兰、加拿大的增援，兵力超过25万人，是布尔人联军的两倍多，战局逐渐向有利于英国的方向发展。1900年5—9月，英国先后占领奥兰治和德兰士瓦，布尔人退出城市，分成小股部队进行游击战，自此，战争形式转为旷日持久的消耗战。

1902年5月，交战双方都已被这场战事拖得精疲力竭，于是在荷兰政府的调停下缔结《费雷尼京和约》，德兰士瓦和奥兰治放弃独立，并入英帝国，而英国政府拨款300万英镑，赔偿给战争中遭受损失的布尔人。这场战争，英国虽然取得了最后胜利，却付出了沉重的代价。英方倾其国力动员了超过40万陆海军，伤亡6万多人（也有研究报告指出英军总伤亡达到了9.7万人），军费开支2.2亿英镑。这场战争严重消耗了大英帝国的国力，也标志着英国海外扩张之路走向终结。布尔战争结束之后，英国

▲ 佩戴女王的南非奖章的一名军官与妻女

开始了全球范围内的战略收缩，将部分海外势力范围转托给加、澳、新等自治领，并将战略重点转回了欧洲。

在这场战争的第二年，即1900年，英国维多利亚女王设立了"女王的南非奖章"，授予1899年1月11日—1902年5月31日第二次布尔战争期间在南非服役的军事人员、文职官员和战地记者，部分奖章也颁发给了圣赫勒拿岛上看管布尔人的战俘营守军。据统计，该奖章共颁发约178000枚。奖章为银或铜制，圆形，直径36毫米，其中银制的颁发给作战人员、文职官员和记者，铜制的主要颁发给印度服役人员和后勤人员。值得一提的是，1899年9月，参加过苏丹战争的丘吉尔辞去了军职，以随军记者的身份参与此次布尔战争，一度在战争中被俘，但很快逃脱。战后，他也获得了女王的南非奖章。

奖章正面图案为老年的维多利亚女皇左侧面肖像，女王披纱戴冠，外圈为拉丁文的铭文"维多利亚女王兼女皇"（VICTORIA REGINA ET IMPERATRIX）。奖章背面图案的中心人物为戎装

▲ 女王的南非奖章。供图/DNW

的不列颠女神，她一手持月桂花冠，一手持英国国旗，脚边有一面带英国国旗花纹的盾牌和一支三叉戟；女神站在山顶，面对着山脚下那支向内陆前进的部队，远处的海面上停泊着英国的海军战舰；上缘刻着"南非"（SOUTH AFRICA）。

目前已知女王的南非奖章存在三个版本。第一个版本的奖章背面，女神的花冠下方刻有"1899—1900"（这是因为最初设计制造该奖章时，预计这场战争可在1900年结束）字样，同时女神的花冠指向了字母"R"。第二个版本则是在第一个版本的成品上磨掉了日期，但有的仍然留下了些许痕迹。第三个版本中，女神花冠指向了字母"F"。

女王的南非奖章配套绶带宽32毫米，配色为红—蓝—黄—蓝—黄的条纹。该奖章的官方铭条一共设置了以下26种，分别表明第二次布尔战争中的主要军事行动：

铭条名称	铭条原文	对应军事行动发生的时间
南非1902年	SOUTH AFRICA 1902	1902年1月1日
南非1901年	SOUTH AFRICA 1901	1901年1月1日
贝尔福斯	BELFAST	1900年8月26日
维特伯恩	WITTEBERGEN	1900年7月1日
钻石山	DIAMOND HILL	1900年6月11日
德兰士瓦边境的朗峡	LAING'S NEK	1900年6月2日
约翰内斯堡	JOHANNESBURG	1900年5月29日
德兰士瓦	TRANSVAAL	1900年5月24日
韦佩内尔	WEPENER	1900年4月9日
德里方丹	DRIEFONTEIN	1900年3月10日
奥兰治自由州	ORANGE FREE STATE	1900年2月28日
帕阿德伯格	PAARDEBERG	1900年2月17日
金伯利救援	RELIEF OF KIMBERLEY	1900年2月15日
图盖拉高地	TUGELA HEIGHTS	1900年2月14日
莱迪史密斯救援	RELIEF OF LADYSMITH	1899年12月15日
莫德河	MODDER RIVER	1899年11月28日
贝尔蒙特	BELMONT	1899年11月23日
莱迪史密斯防御	DEFENCE OF LADYSMITH	1899年11月3日
埃兰兹拉赫特	ELANDSLAAGTE	1899年10月21日
塔拉纳	TALANA	1899年10月20日
金伯利防御	DEFENCE OF KIMBERLEY	1899年10月14日
马弗京防御	DEFENCE OF MAFEKING	1899年10月13日
马弗京救援	RELIEF OF MAFEKING	1899年10月11日至1900年5月17日
罗德西亚	RHODESIA	1899年10月11日至1900年5月17日
纳塔尔	NATAL	1899年10月11日至1900年6月11日
开普殖民地	CAPE COLONY	1899年10月11日至1902年5月31日

▲ 带"SOUTH AFRICA 1902"铭条的女王的南非奖章。供图/DNW

▲ 带"SOUTH AFRICA 1901"铭条的女王的南非奖章。供图/DNW

▲ 带"BELFAST"铭条的女王的南非奖章。供图/DNW

▲ 带"WITTEBERGEN"铭条的女王的南非奖章。供图/DNW

▲ 带"RELIEF OF KIMBERLEY"铭条的女王的南非奖章。供图/DNW

▲ 带"TUGELA HEIGHTS"铭条的女王的南非奖章。供图/DNW

▲ 带"RELIEF OF LADYSMITH"铭条的女王的南非奖章。供图/DNW

▲ 带"MODDER RIVER"铭条的女王的南非奖章。供图/DNW

▲ 带 "LAING'S NEK" 铭条的
女王的南非奖章。供图/DNW

▲ 带 "TRANSVAAL" 铭条的女
王的南非奖章。供图/DNW

▲ 带 "DRIEFONTEIN" 铭条的
女王的南非奖章。供图/DNW

▲ 带 "ORANGE FREE
STATE" 铭条的女王的南非奖
章。供图/DNW

▲ 带 "BELMONT" 铭条的女王的南非奖章。供图/DNW

▲ 带 " DEFENCE OF LADYSMITH" 铭条的女王的南非奖章。供图/
DNW

▲ 带 "ELANDSLAAGTE" 铭条的女王的南非奖章。供图/DNW   ▲ 带 "TALANA" 铭条的女王的南非奖章。供图/DNW   ▲ 带 "DEFENCE OF KIMBERLEY" 铭条的女王的南非奖章。供图/DNW

▲ 带 "RHODESIA" 铭条的女王的南非奖章。供图/DNW   ▲ 带 "NATAL" 铭条的女王的南非奖章。供图/DNW

▲ 带 "DEFENCE OF MAFEKING" 铭条的女王的南非奖章。供图/DNW

▲ 带 "RELIEF OF MAFEKING" 铭条的女王的南非奖章。供图/DNW

▲ 女王的地中海奖章。供图/DNW

▲ 带 "CAPE COLONY" 铭条的女王的南非奖章。供图/DNW

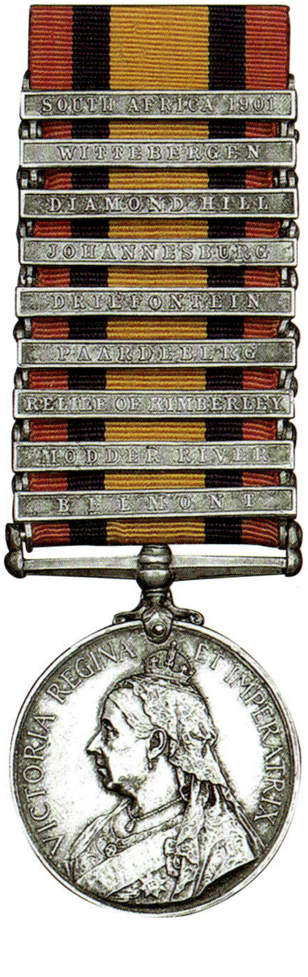

◀ 甚为罕见的带有9个铭条的女王的南非奖章。供图/DNW

◀ 后人整理的带有26个官方铭条和1个非官方铭条的女王的南非奖章。供图/DNW

同时，在奖章颁发过程中，还出现了至少5种非官方铭条："科索伦"（COLENSO）、"格伦科"（GLENCOE）、"奥兰治河殖民地"（ORANGE RIVER COLONY）、"皮埃尔山"（PIETER'S HILL）和"桑德河"（ZAND RIVER）。

几乎与设立"女王的南非奖章"同时，英国还设立了"女王的地中海奖章"（Queen's Mediterranean Medal），颁发给第二次布尔战争期间（1899—1902年）驻扎在地中海的军队和民兵。据统计，该奖章一共颁发了约5000枚。该奖章依然为圆形，银制，造型基本和女王的南非奖章一样，唯一不同的是奖章背面的铭文"南非"（SOUTH AFRICA）被替换成了"地中海"（MEDITERRANEAN）。

国王的南非奖章
King's South Africa Medal

1901年1月22日，英国维多利亚女王去世，爱德华七世继位。而此时，第二次布尔战争仍在遥远的南非草原上进行着。1902年，为了鼓舞士气，爱德华七世设立了"国王的南非奖章"。按照要求，奖章的获得者必须于1902年1月1日—1902年5月31日期间在战区服役，并于1902年6月1日战争结束前完成18个月的服役。该奖章从未单独授予过，它

▶ 国王的南非奖章。供图/DNW

▲ 带有两个铭条的国王的南非奖章。供图/DNW

▲ 带有 "SOUTH AFRICA 1902" 铭条的国王的南非奖章。供图/DNW

通常与女王的南非奖章一同颁发。由于"18个月服役期"这一条件比较苛刻，真正能获得这一奖章的人员并不多。作为变通，对于1900年以后虽在战区服役但不符合国王的南非奖章获得条件的人员，允许其在已获得的女王的南非奖章上加上"南非1901年"（SOUTH AFRICA 1901）和"南非1902年"（SOUTH AFRICA 1902）铭条。

国王的南非奖章为银制，圆形，直径36毫米。奖章正面图案是身着军装的爱德华七世国王，外圈用拉丁文刻着"爱德华七世国王兼印度皇帝"（EDWARDVS VII REX IMPERATOR）字样。奖章背面与女王的南非奖章相同。配套绶带宽32毫米，配色为基本等宽的绿—白—橙三色条纹。该奖章还设立了两种铭条，分别为"南非1901年"（SOUTH AFRICA 1901）和"南非1902年"（SOUTH AFRICA 1902）的铭条。值得一提的是，当时在战场服务的600位护士也获得了没有铭条的国王的南非奖章。

（未完待续）

白头山下

朝鲜民主主义人民共和国奖章鉴赏

作者：杨雨桐

1948年9月9日，朝鲜民主主义人民共和国成立。因受苏联影响较深，朝鲜自建国起即按照苏联模式开始设立勋赏制度，并在此后数十年中根据自身国情不断发展完善，至今已形成了较为庞大且健全的苏联式勋赏体系，甚至近年依然有新的勋赏不断被设立。朝鲜勋赏大致分为最高荣誉、奖金、勋章、奖章和证章五大类，这些勋赏在激发朝鲜人民劳动建设、保卫国家的热情上起到重要作用。在朝鲜的新闻、报纸、宣传海报、邮票和建筑等随处可见与勋奖章相关的内容和主体，勋赏文化真正做到了深入人心。勋赏中奖章的种类多、涉及领域广并且获得门槛较低，相对勋章容易获得，是朝鲜勋赏制度中不可缺少的部分。

朝鲜奖章在主体中融合了本国和苏联的风格，比较明显的如朝鲜式上挂背面的苏联式别针，以及多枚奖章中出现的在苏联勋赏中用于象征勇气的橡叶。另外革命圣地白头山（即长白山）、象征劳动党的五星也是朝鲜奖章较为常见的设计元素。朝鲜奖章多为纪念重大事件和节日而设立，这也和苏联的周年纪念奖章类似。因而朝苏结合，主体鲜明成为朝鲜奖章最大的特点。

由于各种原因朝鲜奖章在国内的收藏市场中非常常见，但是有关与朝鲜奖章的信息和资料却难以寻找，加之某些不法商贩凭借主观臆想进行的误导和炒作让大家在鉴赏的过程中遇到诸多疑问。此前《号角文集》曾专门介绍过朝鲜国旗勋章，本文将基于相关资料和朝鲜政府法令对1948到2010年间设立的朝鲜奖章进行简要的介绍。

▲ 1945年10月，苏联红军向朝鲜进发

朝鲜光复纪念奖章和解放战士纪念奖章

1948年10月16日，即朝鲜民主主义人民共和国成立一个月后，朝鲜民主主义人民共和国最高人民会议常任委员会发布命令设立朝鲜的第一种奖章——朝鲜光复纪念奖章。命令全文如下：

朝鲜民主主义人民共和国
最高人民会议常任委员会命令

关于设立朝鲜解放奖章，最高人民会议常任委员会做出如下决定：

1.为表达朝鲜人民对苏联军队将朝鲜从日本帝国主义的统治下解救出来的永远的感激之情，设立朝鲜光复奖章。

2.朝鲜光复纪念奖章授予所有参与了解放朝鲜人民的军事行动的苏联武装力量官兵。

最高人民会议常任委员会委员长 金枓奉
最高人民会议常任委员会秘书长 康良煜
1948年10月6日
平壤

该奖章主体为背衬十二道光芒的光复纪念碑，两侧有象征勇气的橡叶，纪念碑下方绶带写有"解放"（해방），背面有"朝鲜 1945.8.15"（조선 1945.8.15）字样。

该奖章是朝鲜设立的第一种奖章，仅向苏联

▲ 作为朝鲜的革命圣地，白头山经常出现在勋奖章设计中

▲ 金科奉向苏联士兵颁发朝鲜光复奖章

▲ 朝鲜光复纪念奖章。供图/Collect Russia

► 朝鲜光复纪念奖章俄语证书。供图/Collect Russia

▲ 换为苏联救火英勇奖章绶带上挂的朝鲜光复奖章。供图/Warren E. Sessler

人授予，由朝鲜本国自行开模铸造，奖章为银质。由于工艺和时间仓促等原因做工较为简陋粗糙，制造出来的成品之间略有差异，重量从15—20克不等，平均18克左右，高36—37毫米，宽33.5—34毫米，正面纪念碑浮雕、边框及背面文字位置等细节均存在微小差别。奖章使用宽33毫米、高36毫米的铁皮上挂并配有简易别针。绶带使用了朝鲜的国旗色，即蓝—白—红—白—蓝竖条，绸布制作，用胶水粘在铁挂上。由于铁质上挂易生锈变脆而损坏，部分获得者将上挂换为苏联的五边形上挂并搭配图案与原绶带相近的救火英勇奖章绶带来佩戴。

朝鲜光复奖章没有统一的证书样式，目前常见的有打字机机打的俄语获得证明，大意为该同志获得朝鲜光复纪念奖章，允许佩戴。另一种为仿照苏联奖章证书式样的证明书，该证明书较为正式，与苏联奖章证书内容基本相同，部分内页还印有光复奖章图案。

与朝鲜光复奖章同日设立的还有解放战士纪念奖章，据推测是授予参加解放朝鲜的朝鲜籍官兵和游击队员。但笔者未能查到该奖章的设立命令，同时也没有发现实物及佩戴照片，仅在一本国内出版的彩色朝鲜奖章画报中找到该章图样。奖章为圆形，采用橡叶环绕的金星，上挂为红—白—红—白—蓝—白—红—白—红竖条。

▲ 佩戴朝鲜光复奖章的一名苏联英雄

◀ 解放战士纪念奖章图样，尚未见实物

▲ 朝鲜出版的《军功奖章》一书，封面上的人民军士兵佩戴着军功奖章

军功奖章和功劳奖章

1949年7月13日，朝鲜民主主义人民共和国最高人民会议常任委员会发布命令设立军功奖章和功劳奖章。军功奖章授予在战斗、演习和训练中表现优异、英勇无畏的朝鲜人民军官兵及友军官兵。功劳奖章授予在文化、文学、艺术、劳动、卫生、外交等民事领域表现优异的本国和外国人士。

军功奖章在刚设立不久就大量授予朝鲜战争中的中国人民志愿军和朝鲜人民军，其中向志愿军授予了415460枚，向人民军授予了540407枚。现存一些资料将军功奖章归为朝鲜战士荣誉勋章的第三个级别，并冠以"朝鲜三等功"的称谓其实是错误的。

军功奖章的主体为国旗下身穿大衣手持步枪的人民军战士形象，国旗后散发光芒。背面为朝文"军功奖章"（군공메달），绶带颜色为蓝—白—红—白—蓝—白—红—白—蓝，略章颜色同绶带，该章共有5个版本。

第一版为银质，背面下方有编号，编号见于52—22703之间，绸布绶带，使用和光复纪念奖章相同的铁皮上挂，绶带用胶水固定。章体重16g，高37.5毫米，宽34毫米。

第二版有两个变型，一型为铜制镀金或镀银，背面下方有编号，见于10232—19484之间，上挂绶带

▲ 编号为9602的第一版军功奖章。供图/Warren E. Sessler

同第一版，章体14—18克，高38毫米，宽36毫米。二型为铜制，章体极为粗糙，细节模糊，背面无编号。上挂为白铁制，棉布绶带，绶带通过线缝和夹压方式固定。章体重16克，高40.5毫米，宽36毫米。

▲ 第三版第一型军功奖章。供图/Warren E. Sessler

▲ 编号为16280的第二版第一型军功奖章。供图/Warren E. Sessler

▲ 第三版第二型军功奖章。供图/Collect Russia

▲ 编号为19484的第二版第二型军功奖章。供图/Warren E. Sessler

▲ 第四版军功奖章。供图/Collect Russia

▲ 第五版第一型军功奖章

▲ 第五版第二型军功奖章

　　第三版为俗称的"抗美援朝"版，该版为苏联制造，有两个变型，第一型为镍银合金，挂环背面平坦，上挂为黄铜制，棉布绶带，绶带通过线缝和夹压方式固定，别针改为苏联式别针。章体重14克，高37毫米，宽33毫米。第二型为银质，正面图案生动形象，人物线条棱角分明，挂环背面有台阶，上挂为白铜或白钢制，棉布绶带。章体重17克，高37毫米，宽33毫米。

　　第四版为铜制镀银，细节其特征同第三版第一型，上挂为黄铜制，丝绸布绶带。章体重17克，高37毫米，宽33毫米。

　　第五版正面图案有所变化，改为白头山下手持突击步枪在国旗指引下冲锋的人民军士兵，右侧背景中有飞机舰船和坦克，背面无变化。该版本有两个变型，第一型为铜制镀银，奖章的阴影部分经过了黑化处理，黑白对比明显。上挂为黄铜制，丝绸布绶带，绶带通过线缝和夹压方式固定。章体重15克，高36.5毫米，宽33毫米。第二型使用了第一型模具，但是正面图案省略了黑化工艺，章体颜色略白。上挂为黄铜制，棉布绶带。章体重15克，高36.5毫米，宽33毫米。

　　军功奖章的证书种类较多，战时最初使用仿照苏联奖章样式证书，称为"军功奖章证"（군공메달증），战争结束后增加了红色封面，这两种证书在中国人民志愿军中有大量获得者。20世纪60—70年代朝鲜出现了一种绿色封面的军功奖章证，20世纪80年代

之后改用在统一的通用证书内填写获得记录。

　　相对于在朝鲜战争中大量颁发的军功奖章，功劳奖章在最初设立的一段时间内知名度较低，该章在战争时期有少量颁发，战后朝鲜文化经济等民事领域得到了相对稳定的发展空间并取得了一系列瞩目成果，功劳奖章也在这一时期被大量颁发，至今已成为最常见的朝鲜奖章之一。

　　功劳奖章的主体为放射光芒的五星，下为象征勇敢和荣誉的橡叶，背面为章名（공로메달），绶带颜色为红—白—蓝—白—红—白—蓝—白—红。略章

▲ 军功奖章的证书

颜色同绶带。功劳奖章有四个版本。

第一版为银质，挂环与军功奖章相似。五星没有珐琅覆盖，背面文字下有编号，目前仅见869号。上挂为铁皮制，简易别针，绸布绶带用胶水固定。章体重14克，高38毫米，宽34毫米。

第二版为国内俗称"捷克版"，实际为苏联制造，该版简化了挂环，有两个变型。第一型银质，红星覆盖红色珐琅，五星边缘和橡叶镀金，背面挂环后平坦无台，上挂为白铜或白钢制，别针为苏联式别针。棉布绶带，绶带通过线缝和夹压方式固定。章体重16克，高38.5毫米，宽33.5毫米。第二型为银质，正面同第一型，但边框较宽，背面挂环后有台阶，上挂为白铜或白钢制，别针为苏联式别针。棉布绶带。章体重18克，高39毫米，宽34毫米。

第三版为铜制，红星覆盖红色珐琅，五星边缘和橡叶镀金。上挂为黄铜制，丝绸布绶带，章体重13克，高38.5毫米，宽33.5毫米。第三版部分奖章因为模具问题有轻微差别。

第四版为铜质，大致同第三版，但是五星下方的橡叶单独开模，用焊接或胶水固定。章体重约30克，高38.5毫米，宽33.5毫米。该版本较为少见。

▲ 第二版第二型功劳奖章

▲ 唯一一枚存世的第一版功劳奖章。供图/Warren E. Sessler

▲ 第三版第一型功劳奖章

第五版为铝制，是为20世纪90年代中期"苦难行军"时期产物一直沿用至今，该版本做工较为粗糙，五星奖章中的红色部分以树脂填充。下方橡叶单独开模，用胶水固定在章体上。背面文字周围经过磨砂处理，有不规则圆点。上挂为铝制，其上别针也为铝制，棉布绶带，绶带通过线缝和夹压方式固定。章体重5.425克，高38毫米，宽34毫米。

▲ 授予外国人的特别版功劳奖章。供图/Warren E. Sessler

奖章有朝总联版，即在日本朝鲜人总联合会版，该版本配有蓝色绒布盒子。功劳奖章还有授予外国人的特别版。特别版配有大尺寸的豪华木盒及印有烫金国徽的大尺寸奖章证。内容为：

朝鲜民主主义人民共和国
功劳奖章

（姓名）根据朝鲜民主主义人民共和国中央人民委员会×年×月×日政令授予功劳奖章。
朝鲜民主主义人民共和国主席 金日成
×年×月×日

功劳奖章在战后短暂地使用过专用暗绿色封面证书，即"功劳奖章证"（공로메달증），后改为在通用证书内填写获得记录。

祖国解放战争纪念奖章

1953年7月27日，历时近三年的朝鲜战争终于以中朝军队的胜利告一段落。为纪念这一伟大胜利，1953年8月13日，朝鲜民主主义人民共和国最高人民会议常任委员会发布命令：1.设立祖国解放战争胜利纪念奖章；2.制订授予条例和奖章描述。

（一）祖国解放战争纪念奖章授予条例。

1.祖国解放纪念奖章授予在抵抗美帝国主义及其走狗的侵略战争中表现英勇并取得胜利的朝鲜人民军官兵、政府机关人员、社会团体人员。

2.直接参与前方或坚持敌后游击战的游击队员。

3.在祖国解放战争中参加朝鲜人民军、公安部

▲ 位于平壤的祖国解放战争博物馆

▲ 专用的功劳奖章证书

队、安全部队，但因战致伤、病、残或转移至民事部门工作并服务相当时间的人员。

4.参与抗击美帝国主义侵略的全体中国人民志愿军官兵。

5.在工业、交通部门服务的工人、技术人员。

6.农村工作人员和农业技术人员。

7.科学、艺术、文学和教育工作。

8.政府、党务部门工作者或其他社会部门工作人员

（二）祖国解放纪念奖章以朝鲜民主主义人民共和国最高人民会议常任委员会的名义授予。

（三）祖国解放纪念奖章应佩戴于左胸。

（四）祖国解放纪念奖章由最高人民会议决定是否予以剥夺。

祖国解放奖章的主体为朝鲜国旗下并肩作战的中朝战士形象，背景为飞机、硝烟和战术编号105的坦克。背面平坦，有五星及朝文"伟大的祖国解放战争纪念 1950—1953"（위대한조국해방전쟁을기념하여1950-1953），绶带颜色为红—黄—深蓝—黄—红。略章图案同绶带。该章共有两个版本。

第一版铜制镀银，白铁上挂，别针为苏联式别针，棉布绶带，绶带通过线缝和夹压方式固定。该版本绶带有两种，一种为红色边，一种为粉色边。章体重19克，高41.5毫米，宽36毫米。

第二版为铜制镀银，但图案细节较模糊，章体颜色较浅。黄铜上挂，绶带为丝绸布制，颜色偏橘红。章体重17克，高41.5毫米，宽36毫米。该批次为朝鲜20世纪70年代制作，多用于补发。

奖章的证书主要有四种，第一种为早期白色封面专用证书，称为"祖国解放战争纪念奖章证"（위대한조국해방전쟁기념메달증），志愿军获得者拿到的均为该版证书。第二种专用证书改为绿色封面，该证书主要在20世纪60年代授予补发奖章的获得者。第三种为在通用证书内填写，这种情况多

▲ 佩戴军功奖章和功劳奖章的一群人民军士兵

见于20世纪80年代对祖国解放战争参加者的补发。第四种为授予外国人的大尺寸豪华证书，红色硬皮封面印有烫金国徽，此证书多与20世纪80年代授予在战争时期援助朝鲜的苏联、东欧国家人员，极其稀有。需要指出的是，外授版奖章还配有一种木质皮面盒子，也十分罕见。

祖国解放战争参战纪念奖章

1968年8月22日，朝鲜民主主义人民共和国最高人民会议常任委员会在祖国解放战争胜利15周年之际发布命令设立祖国解放战争参战纪念奖章，向所有参战的人民军官兵及民众颁发。该章不向外籍人士授予，故没有志愿军参战人员获得。祖国解放战争参战纪念奖章正面主体为手持国旗和冲锋枪的朝鲜人民军战士形象，背面平坦，有朝文章名："祖国解放战争参战纪念奖章1950—1953"（조국해방전쟁참전기념메달 1950-1953）。绶带颜色为蓝边红底中间白色竖条，略章图案同绶带。该奖章有两个版本。

第一版铜制镀银，黄铜上挂，丝绸布绶带，绶带通过线缝和夹压方式固定。章体重14克，高38.5毫米，宽34毫米。

第二版和第一版区别仅在于章体表面未镀银，呈铜黄色。章体重16克，高38.5毫米，宽34毫米。此版实物非常少见。

祖国解放战争参战纪念奖章证书为绿色封面，称为"조국해방전쟁참전기념메달증"（祖国解放战争参战纪念奖章证）。

▲ 第一版祖国解放纪念奖章

▲ 第二版祖国解放纪念奖章

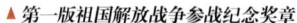

▲ 第一版祖国解放战争参战纪念奖章

军事服务荣誉奖章

朝鲜战争结束后朝鲜人民军得到了一个相对平和的发展空间，其装备、技术兵种和战术在此后的20年间不断发展完善，并在周边国家的援助下逐步走向正规划、现代化。在20世纪70年代还派出多批军事技术人员参加了第三世界国家的局部冲突。

1973年7月3日，为嘉奖在新时期军事领域做出贡献的大批官兵，最高人民会议常任委员会发布命令设立了三个级别的军事服务荣誉勋章及军事服务荣誉奖章。授予在军事行动、军事训练、生产、演习、政治教育中表现优异的人民军、内务军官兵。军官通常能获得三级或以上勋章，士兵士官通常只能获得奖章。士兵在完成新训后参加一到两次重大演习或者联合训练即可获得，故此奖章较为常见。

军事服务荣誉奖章的正面主体为放射光芒的白头山和陆海空军士兵形象，背面为朝文章名"军事服务荣誉奖章"（군사복무영예메달），绶带颜色为红色底，两道黄色竖条中为一道绿色竖条。略章图案同绶带。军事服务荣誉奖章共有三个版本。

第一版为铜制镀银，正面阴影部分经过了黑化处理，黑白对比较为明显。黄铜上挂，棉布绶带，绶带通过线缝和夹压方式固定。章体重15克，高38毫米，宽33毫米。

第二版与第一版使用同一模具，区别为取消了黑化工艺，整个章体显得较白。

第三版为铝制，使用铝制上挂及别针，棉布绶带。章体正面文字四周经过磨砂处理，有不规则圆点。章体重14克，高38毫米，宽33毫米。

军事服务荣誉奖章没有专用证书，通常在通用证书内填写获得记录及政令时间。

▲第一版军事服务荣誉奖章

▲第二版祖国解放战争参战纪念奖章

▲第二版军事服务荣誉奖章

▲ 第三版军事服务荣誉奖章

▲ 阅兵式中的人民军飞行员，请注意佩戴着军事服务荣誉奖章

农业功劳奖章

20世纪70年代是朝鲜农业发展的黄金时期，鉴于功劳奖章已无法有效的突出农业领域的功绩，1973年12月28日，朝鲜民主主义人民共和国最高人民会议发布命令，设立农业功劳奖章。命令如下：

朝鲜民主主义人民共和国最高人民会议常任委员会决议设立农业功劳奖章

农业和工业同为人民经济的重要组成部分，它为人口提供粮食并为轻工业提供原料。在开发工业和发挥其指导地位的同时我们要使农村经济管理紧随工业发展的步伐，使国民经济进一步发展，人民经济体制得以进一步扩大。

对于在主体思想指导下为完成三大革命，在努力提高粮食等作物产量的斗争中做出重大贡献的个人，农村经济部门应予以国家级表彰。故朝鲜民主主义人民共和国最高人民会议常任委员会做出如下决议：

1. 设立农业功劳奖章。
2. 制订农业功劳奖章授予条例。
3. 制订农业功劳奖章的奖章描述。

朝鲜民主主义人民共和国主席 金日成
1973年12月24日
平壤

农业功劳奖章条例

为有效开展三大革命运动，鼓励劳动人民不断提高作物产量，尽快实现《社会主义农业提纲》提出的目标，制订以下规定。

农业功劳奖章授予坚定拥戴伟大领袖金日成同志，并拥护朝鲜劳动党的农业政策，拥护并宣传主体思想及意识形态，成为农业和革命模范（同相关的文化、工业领域），有效进行技术革新，在超计划完成农业指标的奋斗中表现突出的农业部门工作人员集体农庄庄员、合作社社员。

农业功劳奖章以朝鲜民主主义人民共和国中央人民委员会的名义授予。

农业功劳奖章应佩戴于左胸。

奖章正面主体为拖拉机、联合收割机、麦穗、高压电线和光芒图案。背面为朝文"农业功劳奖章"（농업공로메달）。绶带为细红边绿色底黄色竖条，中央有一道细红色竖条。农业功劳奖章有三个版本。

第一版铜制镀银，阴影部分经过了黑化处理，黑白对比强烈，上挂为铜制，丝绸布绶带。绶带通过线缝和夹压方式固定。章体重16克，高37.5毫米，宽33毫米。

第二版与第一版区别仅为省略了黑化工艺，章体较白，绶带改为棉布制。

第三版为铝制，使用铝制上挂及别针，棉布绶带。章体背面文字四周经过磨砂处理，有不规则圆点。章体重约10克，高38毫米，宽33毫米。

农业功劳奖章没有专用证书，通常在通用证书内填写获得记录。

▲ 第一版农业功劳奖章

▲ 第二版农业功劳奖章

在日本朝鲜人总联合会成立 20周年纪念奖章

1955年5月，在日本朝鲜人总联合会在日本东京都千代田区成立，该组织是朝鲜为处理因历史原因而在日本生活的朝鲜人归国等事宜的联合会，因日本和朝鲜并无正式外交关系，故该组织实际上充当着驻日本外交机构的角色。目前联合会主席为最高人民会议议员许宗万。

1975年5月20日为庆祝总联成立20周年，朝鲜民主主义人民共和国最高人民会议常任委员会发布命令设立在日本朝鲜人总联合会成立20周年纪念奖章，同时制订了授予条例。

▲ 位于东京的朝总联总部大楼

在日朝鲜人总联合会成立20周年纪念奖章颁发条例

1.在日朝鲜人总联合会成立20周年纪念奖章授予参加联合会成立庆典的人士，奖章是为了嘉奖在伟大领袖金日成同志及朝鲜党和政府领导下对总联建设发展贡献和付出以及促进祖国统一的人士及海内外革命兄弟。

2.在日朝鲜人总联合会成立20周年纪念奖章由联合会以最高人民会议的名义颁发。

3.在日朝鲜人总联合会成立20周年纪念奖章应佩戴于右胸。

奖章是朝鲜奖章中较为特殊的一枚，其上挂尺寸大于其他奖章，并且没有略章。

在日朝鲜人总联合会成立20周年纪念奖章为铜制镀银、镀金工艺，正面主体类似于国旗勋章的中心图案，镀金的五星外环绕着镶嵌红白蓝三色珐琅的国旗图案，之外环绕着象征团结统一的绳索和橡叶，下方红色飘带中镶嵌红色珐琅，内有镀金的"总20联"（총20련）字样，背面平坦无字。其上挂高45毫米，宽35毫米，章体重25克，高46.5毫米，宽43毫米。绶带使用国旗色，与朝鲜光复纪念奖章绶带图案相同。

随章配发的还有红色绒布盒子，虽然奖章没有略章，但是盒子内仍然预备了存放略章的槽。

在日本朝鲜人总联合会成立20周年纪念奖章有专用的红色封面证书，印有烫金国徽及"总联成立20周年纪念奖章证"（총련결성20돐기념메달증）字样。

朝鲜民主主义人民共和国创建纪念奖章

1983年8月18日，朝鲜建国35周年前夕，朝鲜民主主义人民共和国中央人民委员会发布令设立朝鲜民主主义人民共和国创建纪念奖章。1983年8月20日，《劳动新闻》刊登了该命令的全文。

朝鲜民主主义人民共和国中央人民委员会决议
设立朝鲜民主主义人民共和国创建纪念奖章

朝鲜民主主义人民共和国中央人民委员会做出如下决议，为纪念建国，并嘉奖在光荣的反日斗争中拥护我党的意识形态和政策，无私致力于朝鲜解放，并为了促进共和国繁荣富强做出巨大贡献，并使意识形态贯穿于整个社会的劳动者。

1.设立朝鲜民主主义人民共和国创建纪念奖章。

2.制订朝鲜民主主义人民共和国创建纪念奖章的条例及奖章描述。

朝鲜民主主义人民共和国主席 金日成
1983年8月18日
平壤

▲ 朝总联成立20周年纪念奖章

该章使用金属小挂，国旗色绶带用胶水固定。章体主体为放射光芒的五星和国徽，背面文字"朝鲜民主主义人民共和国创建纪念奖章"（조선민주주의인민공화국창간기념메달）。略章在国旗色基础上在两侧各增加一个白色细边，奖章有三个版本。

第一版铜制镀金，丝绸布绶带，国徽周围填充白色油漆，五星填充红色油漆。章体重29克，高39毫米，宽33.5毫米。该版极为少见。

第二版铝制镀金，绶带有丝绸布和棉布两种，油漆填充位置和第一版相同。章体重8克，高39毫米，宽34毫米。

第三版简化了上挂，直接改为油漆填充，章体变薄变小，取消了白色油漆，只保留五星的红色油漆。章体重4克，高35毫米，宽31.5毫米。

该章有专用绿色封面证书，也可以在通用证书内填写获得记录，该章的总联版本配有精美的蓝色绒布盒子。

▲ 第一版共和国创建纪念奖章。供图/Warren E. Sessler

▲ 第二版共和国创建纪念奖章

▲ 佩戴创建纪念奖章和祖国解放纪念奖章的人民军军官

▲ 第三版共和国创建纪念奖章

朝鲜民主主义人民共和国中央人民委员会决议
设立祖国解放纪念奖章

在我党成立40周年及建党40周年之际，朝鲜民主主义人民共和国中央人民委员会做出以下决议：对光荣参与反日斗争的人员、在解放后坚定支持我党领导的人员、在反对美帝国主义及其走狗入侵的武装斗争中建立了卓越功勋的人员、在解放后人民经济建设中无私奉献的人员和宣传社会主义思想，增强人民及我党力量，促进社会主义经济文化发展的人员给予国家奖赏。

1.设立祖国解放纪念奖章。

2.制订祖国解放奖章的条例及奖章描述。

朝鲜民主主义人民共和国主席 金日成

1985年7月25日

平壤

祖国解放纪念奖章

1985年7月25日，朝鲜光复40周年前夕，朝鲜民主主义人民共和国中央人民委员会做出决议，设立祖国解放纪念奖章，决议全文如下。

祖国解放纪念奖章章体为八角星芒，中为红色油漆背景映衬下吹号的持枪士兵形象，背面有不规则小圆点并写有"祖国解放纪念奖章"（조국해방기념메달）字样，奖章使用小金属上挂，纯红色绶带用胶水固定，略章图案同绶带。该章有两个版本。

第一版铜制镀金，较为罕见，章体重32克，高45毫米，宽40毫米。

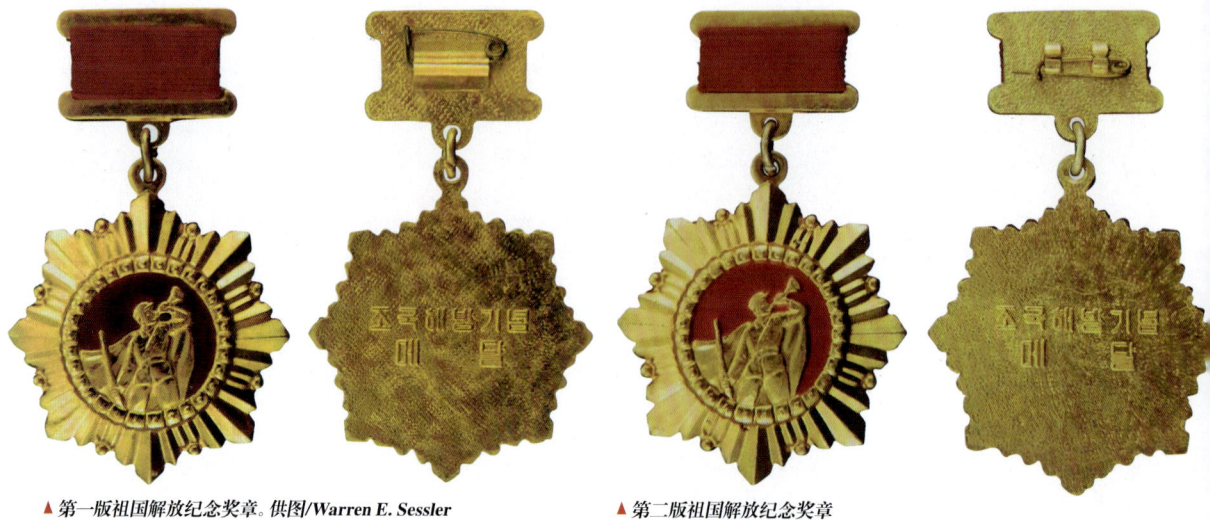

▲ 第一版祖国解放纪念奖章。供图/Warren E. Sessler　　　　▲ 第二版祖国解放纪念奖章

第二版为铝制镀金，较为常见，章体重13克，高45毫米，宽40毫米。

祖国解放奖章没有专用证书，通常在通用证书内填写获得记录。该章的总联版配有红色的绒布盒子。

朝鲜解放40周年纪念奖章

在祖国解放纪念奖章设立的同一天，中央人民委员会还批准设立了朝鲜解放40周年纪念奖章，奖章可以看作是前者的外授版，并且有着相同的略章图案。

1985年7月30日的《劳动新闻》刊登了设立朝鲜解放40周年纪念奖章的命令全文。

朝鲜民主主义人民共和国中央人民委员会决议
设立朝鲜解放40周年纪念奖章

朝鲜民主主义人民共和国中央人民委员会在祖国光复40周年之际做出如下决议，对在促进与我国的团结友谊中做出重大贡献、加强各领域交流协作以及同我国人民一道庆祝解放节日的国际友人给予国家级奖赏。

1.设立朝鲜解放40周年纪念奖章。

2.制订朝鲜解放40周年纪念奖章授予条例及奖章描述。

朝鲜民主主义人民共和国主席 金日成
1985年7月25日
平壤

▲ 朝鲜解放40周年纪念奖章。供图/Warren E. Sessler

该章仅在平壤的庆祝活动中授予外国人。朝鲜解放40周年纪念奖章章体为十角剑芒，正面主体为金星下红旗指引并肩作战的苏朝战士，下衬橡叶，该章使用了小金属上挂，绶带为纯红色，用胶水固定。背面有文字"朝鲜解放40周年纪念奖章"（조선해방40돐기념메달）。

该章只有一个版本，数量稀少十分罕见。章体铜制镀金，重36克，高47毫米，宽40毫米。作为外授章，朝鲜解放40周年纪念奖章配有大尺寸豪华木盒，并配有大尺寸证书。

朝鲜民主主义人民共和国友谊奖章（亲善奖章）

1985年7月25日，朝鲜民主主义人民共和国中央人民委员会发布命令设立一二级友谊勋章和奖章。1985年7月30日《劳动新闻》刊登了命令全文。

朝鲜民主主义人民共和国中央人民委员会决议
设立朝鲜民主主义人民共和国一级、二级友谊勋章及友谊奖章

朝鲜民主主义人民共和国中央人民委员会决定对促进国际友谊、经济技术交流、促进国际社会对我国进行援助的外事领域人员予以国家级表彰。

1.设立朝鲜民主主义人民共和国一级、二级友谊勋章，友谊奖章。

2.制订朝鲜民主主义人民共和国一级、二级友谊勋章，友谊奖章的授予条例及勋奖章描述。

朝鲜民主主义人民共和国主席 金日成
1985年7月25日
平壤

所有级别的勋章和奖章都没有编号，并只授予外国人。友谊奖章只有一个版本，采用了铜制镀银工艺，金属小上挂，内嵌国旗色绶带。略章图案同绶带，但加缀金星饰。章体主体为橡叶环绕的火炬，火炬镀金，火焰部分有红色珐琅。背面有朝文"朝鲜民主主义人民共和国友谊奖章"（조선민주주의인민공화국친선메달），因"친선"可直译为"亲善"，故又称为"亲善奖章"。章体重21克，高37毫米，宽32.5毫米。作为外授奖章，友谊奖章配有皮面木质大盒，盒盖上贴有镀银朝鲜国徽。证书也为大尺寸专用证书。此章颁发数量较少，非常罕见。

朝鲜人民军创建60周年纪念奖章

1992年3月23日，朝鲜人民军建军60周年前夕，朝鲜中央人民委员会发布命令设立朝鲜人民军创建60周年勋章、奖章。1992年3月25日，《劳动新闻》刊登了命令全文。

朝鲜民主主义人民共和国中央人民委员会决议
设立朝鲜人民军创建60周年纪念勋章、奖章

自在白头山密林成立起，我党的革命武装力量、英雄的朝鲜人民军已经走过了六十余年的光辉历程，并在我国历史上记下了不朽的殊勋。

在经历了反对日本帝国主义的斗争后，朝鲜人民军又击败了号称拥有"世界最强武装力量的"美帝国主义，保卫了祖国的自由和独立，粉碎了敌人的每一步新阴谋，保障了国家和人民的安全。以此保证了我国人民以政治自主、经济自足、国防自卫的社会主义信念来建设我们的国家。

如今朝鲜人民军已经发展为一支拥有无数以一敌十的钢铁力量。作为革命的军队、党的军队、人民的军队，它在把我国建设为繁荣的社会主义乐园式国家的斗争中取得了辉煌的业绩。党和人民以这支不败的军队为自豪。

▲ 友谊奖章。供图/Warren E. Sessler

▲ 朝鲜人民军建军60周年奖章

▲ 朝鲜人民军军旗

　　朝鲜民主主义人民共和国中央人民委员会做出如下决议以纪念对党、国家和人民无限忠诚的，百战百胜的革命武装力量——朝鲜人民军建军60周年。

　　1.设立朝鲜人民军创建60周年勋章和奖章。

　　2.制订授予条例及勋章、奖章描述。

朝鲜民主主义人民共和国主席 金日成

1992年3月23日

平壤

　　朝鲜人民军创建纪念奖章授予在朝鲜人民军、内务军中服役满两年以上的士兵士官和初级军官。

　　奖章只有一个版本，铝制，章体主体为放射光芒的金星，上为写有"朝鲜人民军创建60周年"（조선인민군창건60돐）的飘带，下为建军日期"4.25"。背面为磨砂，中有正面五星冲压凹陷，周边写有朝文章名"朝鲜人民军创建60周年纪念奖章"（조선인민군창건60돐기념메달）。章体重6克，高37.5毫米，宽33毫米。上挂为铜制，棉布绶带，绶带为红色底，左右各有一道黄色竖条。略章图案同绶带。朝鲜人民军创建60周年纪念奖章没有专用证书，通常在通用证书内填写获得记录。

▲ 位于平壤的凯旋门

▲ 朝鲜人民军军徽

首都建设纪念奖章

1992年7月24日，朝鲜中央人民委员会发布命令设立首都建设纪念勋章、奖章。7月26日《劳动新闻》刊登了命令全文。

朝鲜民主主义人民共和国中央人民委员会决议
设立首都建设纪念勋章、奖章

平壤是朝鲜民主主义人民共和国的首都，是朝鲜革命的心脏。平壤向世界展示了我国悠久的历史和灿烂的文化，同时平壤也象征着我国人民的革命精神和斗争精神。在战争结束后的一段时间里，在我党雄心勃勃的计划和强有力的领导下，平壤已经从一片废墟被建设成了面貌焕然一新的现代化城市。

建设首都的英勇斗争被高度赞誉为"平壤速度"，并诞生了无数不朽的标志性建筑。将首都建设成独立朝鲜的政治经济文化中心和人民的乐园，是首都建设者们最高的荣誉。

▲ 主体思想塔

▲ 高丽饭店

　　中央人民委员会决定对在建设首都的过程中有突出贡献的建设者予以国家奖励。

　　1.设立首都建设纪念勋章、奖章。

　　2.制订首都建设纪念勋章、奖章的条例及描述。

朝鲜民主主义人民共和国主席 金日成

1992年7月24日

平壤

▶ 首都建设奖章。供图/*Collect Russia*

首都建设奖章仅有一个版本，铜制黑化处理，章体正面主体为平壤三大标志性建筑：平壤凯旋门、主体思想塔和高丽饭店。左右环绕橡叶，下为写有"首都建设"（수도건설）的飘带。背面写有朝文"首都建设纪念奖章"（수도건설기념메달）。奖章图案细节饱满生动，立体感强。章体重15克，高36毫米，宽32.5毫米。上挂为铜制，棉布绶带，绶带图案为蓝细边白色底，中间一道蓝色竖条。略章图案同绶带。首都建设纪念奖章没有专用证书，通常在通用证书内填写获得记录。

阅兵式纪念奖章

1997年3月26日，朝鲜民主主义人民共和国中央人民委员会发布命令设立阅兵式纪念奖章。全文如下：

朝鲜民主主义人民共和国中央人民委员会决议
设立阅兵式纪念奖章

阅兵式是朝鲜人民武装力量的展示，它显示了我国武装力量在伟大领袖金日成同志领导下所体现出的强大凝聚力，它粉碎了帝国主义的阴谋，光荣地捍卫了革命的胜利果实，铸就了不朽的精神。

为了纪念朝鲜人民军官兵奉献生命保卫党中央，并用武力捍卫国家的历史英雄主义精神，朝鲜民主主义人民共和国中央人民委员会做出如下决议：

1.设立阅兵式纪念奖章。

2.制订阅兵式纪念奖章条例及奖章描述。

朝鲜民主主义人民共和国中央人民委员会

1997年3月26日

平壤

▲ 阅兵式上的人民军海军女兵，请注意其中有人佩戴了4枚阅兵式纪念奖章

◀ 朝鲜经常举行阅兵式，成为其一大特色

▲ 朝鲜阅兵式上的空军官兵，请注意最前面的士兵佩戴有3枚阅兵式纪念奖章

阅兵式纪念奖章授予参加阅兵式的朝鲜人民军陆军、海军、空军（2012年改称航空与反航空军）、战略火箭军（2013年扩编为战略军）、特殊作战军、人民内务军、工农赤卫军官兵。奖章按参加阅兵的次数获得，通常在阅兵式前最后一次合练后颁发，佩戴于右胸。现存的朝鲜阅兵影视资料中可以看到有佩戴5枚该奖章的人员。

阅兵式纪念章仅有一个版本，铝制。章体为八角剑芒状，中央圆形部分内为锦绣山议事堂（现锦绣山太阳宫）两侧为突击步枪枪管，下为写有"阅兵式"（열병식）字样的绶带，背面因冲压下凹，写有"阅兵式纪念奖章"（열병식기념메달）字样。章体重约5克，高40毫米，宽36毫米。上挂为铜制，棉布绶带。绶带图案为黄色底，宽红边，左右红边内各有一道白色竖条。略章颜色同绶带。阅兵式纪念奖章没有专用证书，通常在通用证书内填写获得记录。

▲ 阅兵式纪念奖章

▲ 现存影视资料中佩戴阅兵式奖章最多的，请注意左边两位士兵佩戴了5枚

▲ 锦绣山太阳宫

▲ 金刚山发电站建设纪念奖章。供图/Collect Russia

金刚山发电站建设纪念奖章

1996年9月11日，朝鲜民主主义人民共和国发布命令设立金刚山发电站建设纪念奖章。命令全文如下：

朝鲜民主主义人民共和国中央人民委员会决议
设立金刚山发电站建设纪念奖章

金刚山发电站是一项巨大的具有划时代意义的纪念工程，这是为了我们人民生活幸福、繁荣贡献了一生的伟大领袖金日成同志毕生的崇高理想。也反映了在我党领导下，人民军和广大建设者发扬苦难行军的精神克服重重困难和考验的勇气和决心。

为了表彰和纪念广大人民军官兵和建设者们的巨大贡献，朝鲜民主主义人民共和国中央人民委员会做出以下决议：

1.设立金刚山发电站建设纪念奖章。
2.制订金刚山发电站建设纪念奖章及描述。

朝鲜民主主义人民共和国中央人民委员会
1996年9月11日
平壤

金刚山发电站纪念奖章仅有一个版本，铝制。章体为五角星状，每个角之间有光芒，中央圆形区域内为金刚山发电站的水坝、高压电线塔。电线塔左右为步枪和锤子，下为橡叶。

背面为冲压形成的下凹，并有朝文"金刚山发电站建设纪念奖章"（금강산발전소건설기념메달）。章体重6克，高43毫米，宽40.5毫米。上挂为铜制，棉布绶带，绶带图案为蓝色底，左右靠近边缘处各有一道白色竖条，略章图案同绶带。金刚山发电站建设纪念奖章没有专用证书，通常在通用证书内填写获得记录。

平壤—南浦高速公路建设纪念奖章

2000年9月13日，朝鲜民主主义人民共和国最高人民会议发布命令设立平壤—南浦高速公路建设纪念奖章，命令全文如下：

朝鲜民主主义人民共和国最高人民会议
朝鲜民主主义人民共和国政府命令
设立平壤—南浦高速公路建设纪念奖章

基于我党高速公路建设的伟大计划，年轻的建设者们以不屈不挠的精神在我们庆祝劳动党成立55周年的难忘时刻以高标准完成了平壤—南浦高速公路的工程。

这条高速公路的建设是通向建设强盛大国的伟大桥梁。它自豪地向外部世界展示了我国人民在动荡、艰难的环境中体现出的革命精神和强大意志，也是对劳动党成立55周年的最好献礼。

为了表彰和嘉奖他们在平壤—南浦高速公路工程中忘我工作和对伟大领袖的竭诚拥戴，做出以下决议：

1.设立平壤—南浦高速公路建设纪念奖章。

2.对上一条应予以承认并制订条例及描述。

朝鲜民主主义人民共和国最高人民会议

平壤

2000年9月13日

　　平壤—南浦高速公路建设纪念奖章的正面主体为手持旗帜的妇女、高举火炬的知识分子和手持突击步枪的士兵形象。下方奖章边沿上为写有"平壤—南浦高速公路"（평양_남포고속도로）字样的绶带及橡叶。背面磨砂，写有朝文"平壤—南浦高速公路建设纪念奖章"（평양_남포고속도로건설기념메달）。上挂为铜制，棉布绶带，绶带为红色底，左右各有一道金黄色竖条。略章图案同绶带。奖章有两个版本，均为铝制。

　　第一版正面人物周围光滑平坦，章体重7克，高41毫米，宽53毫米。

　　第二版正面人物周围有不规则的细小圆点。章体重6克，高41毫米，宽53毫米。

　　奖章的获得记录通常填写在通用证书内。

▲ 第一版平壤—南浦高速公路建设纪念奖章。供图/Warren E. Sessler

▲ 第一版平壤—南浦高速公路建设纪念奖章。供图/Warren E. Sessler

▲ 土地整理纪念奖章。供图/Warren E. Sessler

土地整理纪念奖章

2004年10月27日，朝鲜民主主义人民共和国最高人民会议常任委员会发布命令设立土地整理纪念奖章。命令如下：

朝鲜民主主义人民共和国最高人民会议常任委员会朝鲜民主主义人民共和国政府命令设立土地整理纪念奖章

土地改革是实现国家富强和发展的长期爱国目标，在我党的倡议和积极引导下，土地改革项目取得了广泛成功，使社会主义国家的土地组织格局秩序井然。因此，完善的土地制度增加了粮食产量，提高了人民的生活水平。我们的党、军队和人民为了实现伟大领袖金日成同志的革命思想及宏伟的土地整理计划，在土地改革的斗争中大力发扬了革命精神。

为了表彰军队官兵在光荣的朝鲜劳动党领导下的土地整理运动中的贡献和努力，最高人民会议做出如下决议。

1.设立土地整理纪念奖章。

2.对上一条应予以承认并制订条例及描述。

朝鲜民主主义人民共和国最高人民会议常任委员会

2004年10月27日

平壤

土地整理纪念奖章极为罕见，目前只发现一个版本，铝制。章体为八边形，正面主体为金星照耀下推土机整理土地的场景，左右为麦穗和步枪，下方写有"土地整理"（토지정리），背面磨砂，写有朝文"土地整理纪念奖章"（토지정리기념메달）。上挂为铝制，棉布绶带。绶带图案为绿色底，两道宽黄色竖条。略章颜色同绶带。章体重6克，高43毫米，宽40.5毫米。到目前为止没有见过土地整理纪念奖章的证书，笔者推测其应该也为在通用证书内填写获得记录。

火炬行进纪念奖章

2005年11月23日，朝鲜民主主义人民共和国最高人民会议常任委员会发布命令设立火炬行进纪念奖章。全文如下：

朝鲜民主主义人民共和国最高人民会议常任委员会

朝鲜民主主义人民共和国政府命令

设立火炬行进纪念奖章

火炬行进，这是在我党领导下由拥戴伟大的白头山主体思想的年轻人汇聚成的史诗洪流。这是一种坚定的信念，体现在党的千万里征途中。以及那千万

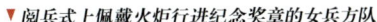

▼ 阅兵式上佩戴火炬行进纪念奖章的女兵方队

人民汇聚在一起的力量，以党的永恒成就为中心，照亮了全世界以及我们人民的荣誉和尊严。

在火炬行进中，这些年轻的参与者展示了强大的革命精神，他们无疑将通过高举火炬来庆祝和继承先军朝鲜的永远胜利。从而进一步颂扬这个社会主义强盛大国的进步。为纪念火炬行进，朝鲜民主主义人民共和国最高人民会议常任委员会做出如下决议：

1.设立火炬行进纪念奖章。

2.对上一条应予以承认并制订条例及描述。

朝鲜民主主义人民共和国最高人民会议常任委员会

2005年11月23日

平壤

▲ 火炬行进纪念奖章。供图/*Warren E. Sessler*

▲ 人民军巡查熙川发电站大坝

火炬行进纪念奖章较为罕见，偶有见到没有上挂的章体。奖章主体为背衬光芒的白头山和火炬，白头山下为朝文"青年前卫"（청년전위，此为金日成社会主义青年同盟的口号），下方为橡叶。背面磨砂，写有"火炬行进纪念奖章"（홰불행진기념메달）。章体重6克，高43毫米，宽40.5毫米。关于绶带颜色目前有两种说法，一种是浅蓝色底深蓝色边，左右各一道白色细竖条。第二种说法是深红色底浅红色边，左右各一条金黄色细竖条。笔者较为倾向于第二种说法。火炬行进纪念奖章的证书目前也没有出现过，推测也在通用证书内填写获得记录。

水路建设纪念奖章

水路建设纪念奖章于2007年9月19日根据朝鲜民主主义人民共和国最高人民会议常任委员会的命令设立。命令的具体内容不详，该章目前极少有实物流出，目前仅见一个模糊的黑白图样。可见章体主体为白头山下水路灌溉农田，上为象征劳动党的五星，左右为麦穗和水波。下方写有朝文"水路"（물길）。

朝鲜民主主义人民共和国创建60周年纪念奖章

朝鲜民主主义人民共和国创建60周年纪念奖章依照朝鲜建国10周年纪念日设立纪念勋章奖章的惯例，根据朝鲜民主主义人民共和国最高人民会议常任委员会2008年4月28日的命令设立。其外观继承了1983年8月18日设立的朝鲜民主主义人民共和国创建纪念奖章，仅在下方增加了一个"60"，背面为朝文奖章名（조선민주주의인민공화국창건60돐기념메달）。奖章只有一个版本，铝制镀金油漆工艺，

棉布绶带。章体重约9克，高39毫米，宽34毫米。朝鲜民主主义人民共和国创建60周年纪念奖章证书较为稀有，推测其在通用证书内填写获得记录。

熙川发电站建设纪念奖章

熙川发电站位于朝鲜慈江道熙川市清川江流域，是朝鲜的"强盛大国支柱项目"。这项工程2009年3月动工，朝鲜当时公开宣布熙川大坝和发电站建成后将一举解决平壤市及其周边地区长期缺电问题。在其建设过程中，受到了金正日和金正恩的多次关注和视察。该水电站于2012年4月5日宣布竣工，因其

超快的工期而被宣传部门称为"熙川速度"。熙川发电站建设纪念奖章大约在2010年下旬设立。该章极为罕见，几乎未见过完整的实物。目前仅见没有上挂的章体，章体呈左旋涡轮状。中间为以水坝为背景的士兵和建设者图案，重约9—10克，高50毫米，宽45毫米。背面为冲压形成的下凹，写有朝文"熙川发电站建设纪念奖章"（희천발전소간설기념메달）。

在朝鲜发布的金正日生前获得勋奖章中，第三行右下一枚推测为熙川发电站建设纪念奖章，图中隐约可见绶带颜色为浅绿色底宽黄色边，中有白色细竖条。

伟大情谊

中苏友谊章和共和国友谊纪念章

作者：柯涛

1949年10月1日，中华人民共和国正式成立。这标志着继波兰、匈牙利、捷克斯洛伐克、保加利亚、罗马尼亚、南斯拉夫、阿尔巴尼亚、朝鲜、越南之后，又一个社会主义国家诞生。

中华人民共和国成立后，缺乏科学技术人才成为新生的人民政权恢复经济和发展生产所面临的严重问题之一。由于中国共产党此前长期从事武装斗争和农村工作，在城市管理和经济建设方面的经验和人才储备严重不足；另外，当时一部分工程师和相关专家在政治上和心理上是仇视新中国的。因此，聘请大量苏联和东欧社会主义强国的专家来华工作，支援新中国建设，无疑是一条重要而快捷的途径。

为了满足中国的需要，苏联在20世纪50年代初派遣了大批工业技术和军事领域的专家，以及行政管理顾问来华工作。为感谢这些援华的苏联专家，中方在每届专家援华任期结束时，都会以中央人民政府的名义授予每一人一枚"中苏友谊章"，以感谢他们对新中国的无私奉献。此外，如民用航空局、第一机械工业部等部委单位也会授予在该单位服务的援华专家中苏友谊章。除苏联专家外，来自捷克斯洛伐克、民主德国的援华专家也会在任期结束时获得一枚"中华人民共和国友谊纪念章"，以感谢他们的无私援助。这两枚奖章都是社会主义大家庭深厚情谊的表现。60多年以后，当共和国再次授予友谊勋章时，我们回顾品味这两枚曾经的奖章，更别有一番滋味。

解燃眉之急
1951—1953年版中苏友谊章

根据我国有关档案材料统计，1950—1953年间，先后到中国协助经济建设工作的苏联专家共计1093人。按照苏联方面的统计，1951—1953年间到中国工作的高级专家已达1210人，涵盖了军事、教育、工业等领域。这些数字大概都没有把铁路专家计算在内，因为据铁道部1953年的工作报告显示，仅1950年5月长春铁路公司成立以来，该公司就先后聘请了苏联专家1500人。

▲ 新中国发行的体现中苏友好合作的招贴画

▲ 1949年12月21日，毛泽东访问苏联期间，在莫斯科出席斯大林70寿辰庆祝大会

▲ 苏联发行的体现中苏领导人友好关系的招贴画

▲ 在两国元首的见证下，中苏签订友好同盟互助条约

1949年年底，根据双方协定，为帮助中国建立6所空军学校，苏联派出了从校长到地勤人员在内，总计878名专家的援华团队。与此同时，苏联海军方面的顾问共711人，也分三批先后来华。朝鲜战争爆发后，中国领导人更是频繁地向苏联领导人提出了派遣军事顾问的请求：比如在1950年8月，苏联增派38名空军顾问来华；在1951年2月又派出15名军事顾问。1951年9月，苏联派遣以陆军大将扎哈罗夫为首的5人专家小组进驻在朝志愿军总部。此后，苏联在1951年11月再次应中方要求派出19名空军顾问。1953年1月，中国发出请求增派12名海军航空兵顾问的电报，苏联领导人答复可补派3人，其余人从已在华的顾问中派出。

1949年年底，中国人民大学确定开学时使用50名苏联教师讲课；两天后，苏联部长会议便答复，并立即先行派遣9名教员到该校任教。同时，苏联还满足了中国政府的另一个临时请求——向中国派遣一组海军专家，携带必要器材，帮助打捞沉没于长江的"重庆"号战舰。此外，有些派来的专家是应中国临时和紧急之需的。比如新中国成立之初，张家口以北地区发生鼠疫，威胁平津，苏联应中方请求，空运了疫苗和血清，并派遣防疫专家来北京工作；1950年1月10日，为排除吉林水电站故障，苏联政府在5天内派出4名苏联专家到中国提供帮助。

▲ 后来晋升为苏联元帅的扎哈罗夫

▲ 新中国发行的纪念中苏友好同盟互助条约签订的邮票

▲ 在哈尔滨飞机制造厂工作的苏联专家及中国同事

▲ 赴中国任教的苏联专家受到中方的热烈欢迎

为感谢这些专家的辛勤工作，每一位（专家）都在他们任期结束回国前被我国授予一枚中苏友谊章。根据目前收藏市场上该徽章背面的年份推断，中苏友谊章第一次出现是在1951年，被授予的苏联专家都是从1949年年底来华参加援助工作，于1951年任期结束的。需要说明的是，从性质上看，该章属于奖章性质，但由于又带有纪念章色彩，各路藏家对其称谓不一，本文统一以该章证书上的名字“中苏友谊章”为准。

授予1951年回国苏联援华专家的中苏友谊章和苏联的带上挂式勋章风格较为接近，章体为金色。该章正中偏上处有两面红旗重叠飘动——一面是五星红旗，另一面是苏联的五角星镰刀斧头国旗；两国国旗上的大五角星尺寸相等，体现了中苏两国友谊平等和谐的内涵。章体的左右两边为金色麦穗和两片红色橄榄叶，下方有一条镶刻着“中苏友谊万岁”六个繁体金字的红色飘带，文字下方还有一个红色五角星。该章高90毫米，其中章体高36毫米，宽41.5毫米，厚2毫米。章体背面有三行字，分别是授予该友谊章的两个机构的繁体字名称——中华人民共和国中央人民政府、人民革命军事委员会，以及该友谊章的授予时间——1951年，也就是苏联专家任期结束的年份。由于这一年有好几批苏联专家在不同月份结束任期回国，因此时间也仅仅标注了年份。该章的上挂高54毫米，宽45毫米，绶带颜色为红/黄/红/黄/红相间。上挂整体造型与苏联勋章的五边形上挂相似，不同之处在于前者下方有一颗金色五角星。该章的背面上方是别针。与苏联勋章上挂不同的是，友谊章上挂没有内衬硬板，是完全由绶带叠压形成的。

Перевод.

УДОСТОВЕРЕНИЕ
К ЮБИЛЕЙНОЙ МЕДАЛИ

В ознаменование 35-й годовщины Советской Армии и 3-й годовщины со дня подписания Советско-Китайского Договора о дружбе, союзе и взаимной помощи, военнослужащему Советских войск, находящихся, согласно Советско-Китайского Договора о дружбе, союзе и взаимной помощи, в районе Порт-Артур (Китай). ______________ вручена юбилейная медаль «Китайско-Советская дружба», что и удостоверяется.

Председатель Народно-Революционного Военного Совета Центрального Народного Правительства Китайской Народной Республики
Мао Цзэ-дун

23 февраля 1953 года.

Зак. № 14

Г—221753

▲ 中苏友谊章的俄文证书

▲ 1951年版中苏友谊章

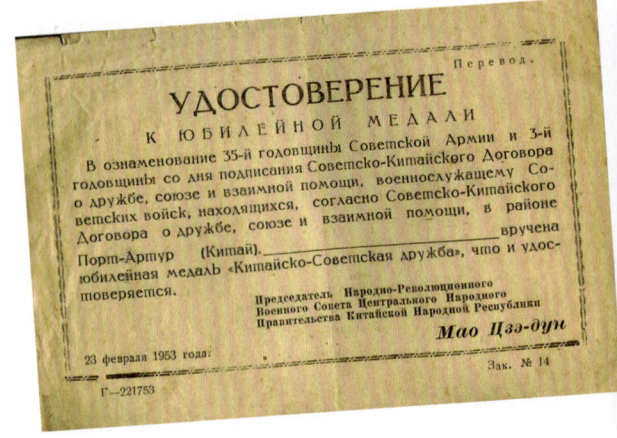

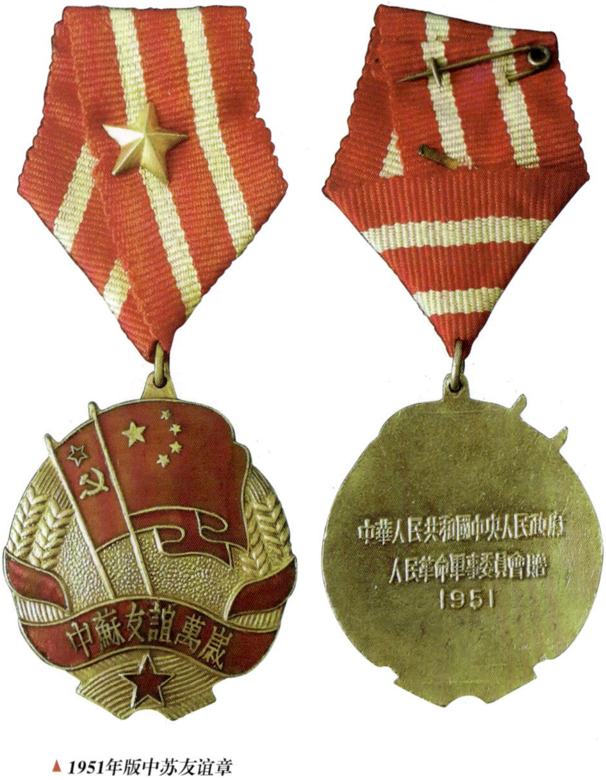

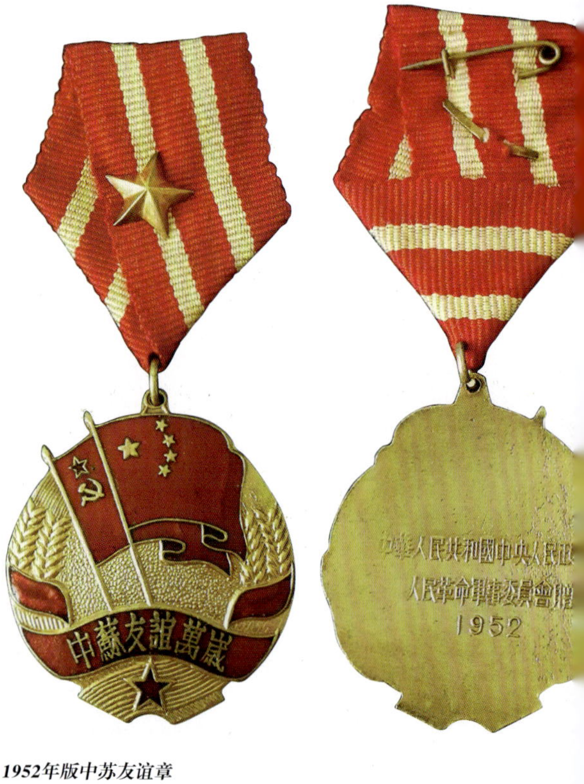

▲ 1952年版中苏友谊章

▲ 佩戴中苏友谊章的一名苏联英雄

▲ 东北地区有大量苏联援助的企业，其中较为著名的包括长春铁路公司。当年曾以中央人民政府的名义颁发过"中苏合办长春铁路公司纪念章"，由此可见国家对中苏合作的重视。供图/北京诚轩

▲ 1953年小字版中苏友谊章

▲ 1953年大字版中苏友谊章

▲ 佩戴中苏友谊章的一名苏联空军军官

▲ 时为北京地质学院教授的袁复礼正在与苏联专家讨论。供图/中国地质大学档案馆

　　我国在此后的1952、1953年均依照这一标准授予友谊章。其中，1952年版中苏友谊章章体比前一版略大，章高37毫米，宽43毫米，厚2毫米，整体高度为91毫米。此外，在该章样式上，中国国旗的五星组合形状和苏联国旗中镰刀与锤子组合的角度比第一版更规范，更符合苏联国旗图案中的标准。这一版的中苏两国国旗顶端边缘几乎在同一条线上，且中国国旗的五角星比苏联五角星从视觉上看略大。

　　与前两个版本不同，1953年版的中苏友谊章章体高39毫米，宽45毫米，厚2毫米，且有前后两个版本，具体区别在于正面的两国国旗样式、旗帜边缘高度，以及背面年份的字号。小字版中苏友谊章正面的中国国旗大五角星偏上，四颗小五角星环绕一侧；苏联国旗的镰刀锤子图案比1952年版的略大，也比五角星大一些。两面国旗的上边缘在同一条线上，体现两国友谊平等的内涵。大字版中苏友谊章正面的中国国旗四颗小五角星略向左下偏，概因大五角星的位置有所调整所致；苏联国旗的镰刀锤子图案也略有角度差，且比五角星略小。两国国旗的大五角星依然是相同大小，但国旗的上边缘不在同一条线上，中国国旗略高1毫米。章背面的差异除年份字号不同以外，两个机构名称的位置也略有不同，如第二行中的"人"

▲ 苏联专家同我国工程技术人员一起研究工程设计图纸

▲ 电子科技大学的苏联专家与学生合影

◀ 新中国发行的建设第一个五年计划的全套邮票

和"赠"字分别与第一行的"人"和"政"字的位置有1/3个字体大小的距离差。

为何1953年颁发的中苏友谊章有两个版本？原来，据资料显示，朝鲜战争发生的这几年是苏联专家来华的高峰时期，中国领导人更是频繁向苏联领导人提出派遣军事顾问的请求。所以，有些专家是中苏两国之前商定好，按援助计划派遣的，有的则是由于我国发生突发情况，无法应对而临时聘请的；还有些专家在任期结束后又被续聘。因此到1953年朝鲜战争结束时，很多专家的任期虽然随之结束，人数却不仅仅是1953年来华专家的数量，还包括了此前一年到两年内被续聘的专家。个人推测这一年出现了多次授予的情况，也可能存在友谊章数量不够，需再次铸造，但原模具因铸造磨损的原因需要更新的问题，这才有了两个版本的1953年版友谊章。

保驾"一五"计划的参谋
1954至1955年版中苏友谊章

朝鲜战争结束后，在1955年7月，经全国人大一届二次会议审议通过，中国开始执行第一个五年计划，简称"一五"计划（1953—1957年）。到1957年，"一五"计划超额完成了规定任务，实现了国民经济快速增长，并为我国的工业化进程奠定了初步基础。中国以"一五"计划为核心开始了大规模经济建设，对苏联专家的需求也相比前一个时期有了大幅增加。与此同时，莫斯科新任领导人也注重调整对华政策，以加强中苏两党及两国的合作。来华工作的苏联专家人数也因此出现了高峰。

第一个五年计划的制订和实施标志着我国系统建设社会主义的开始，主要内容是为工业化奠定基础。从此期来华专家的构成比例上看，也是主要集中在基础工业部门的。仅在1954年1月，苏联就向中国派来343名专家。根据中国技术进口公司统计，当年1—3季度，工矿企业新到苏联专家467人。到年底，除期满回国者外，在工业部门的苏联技术专家已达820人。据时任对外贸易部副部长估计，中国聘请的技术专家，"1954年比1953年增加两倍多，1955年比1954年可能还要多些"。到1954年年底，在中国各厂矿企业的苏联和东欧各国专家有82.4%的人数集中在重工业部、一机部、二机部和燃料工业部，可见1954年大规模来华的苏联专家仍然是根据中国的需求而派遣的。据苏方统计，在1954—1957年工业项目建设过程中，按照经济和技术合作协定，苏联除向中国提供大量机器设备、设计图纸、技术资料和各种制品的生产许可证外，还派遣了近5000名专家，其中：1954年983名，1955年963名，1956年1936名，1957年952名。到1956年年底，在华工作的苏联专家人数达到历史最高峰，为3113人，其中：技术专家2213人，经济顾问123人，科学和文化领域的顾问及专家403人，军事顾问和专家374人。另外，如果按照中方的估计数据，此期苏联专家的人数应还要更多。

▲ 无年份版中苏友谊章

▲ 第一届全国人大，代表们在举手表决

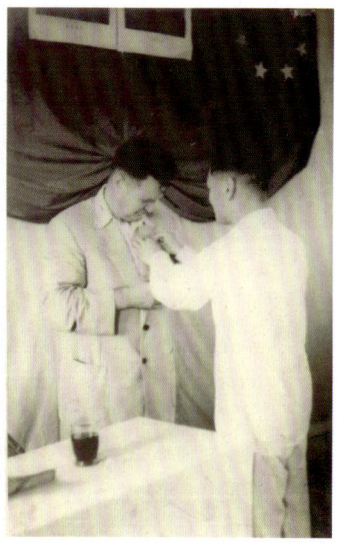

▲ 时任成都电讯工程学院院长的吴立人为苏联专家佩戴中苏友谊章

▲ 无字版中苏友谊章

新机构名称出现前，到期归国的苏联专家依然毕竟是由原机构邀请，因此授予这枚仅有两个机构名称而没有具体年份的中苏友谊章，也算是解决问题两全其美的办法。笔者推测，这也是该版本中苏友谊章不标记年份的主要原因。

这一时期还有一个版本的中苏友谊章授予苏联专家。该版本依然是上挂式结构，章的整体高度为93毫米，章体高39毫米，宽46毫米，厚2毫米，上挂高54毫米，宽45毫米。章正面的两面国旗旗杆顶端突出部分比前一个版本略短，其中苏联国旗上的镰刀图案比前一个版本略粗，中国国旗五星的样式比前一个版本的凸凹感略弱。此外，章体正面红色飘带部分的"中苏友谊万岁"六个字比前几个版本都略小，可以从这几个字与飘带上下边缘的空隙大小看出差别。这一版本友谊章背面为金黄色，既无机构名称，也无年份时间。据前一个版本时间推测，该版本中苏友谊章被授予的时间应该在1954年9月后，即前面提到的，《宪法》开始实施后的第一个

在这一时期授予苏联专家的中苏友谊章有前后两个版本。第一个版本章体高39毫米，宽45毫米，厚2毫米，正面的中苏两国国旗中的大五星大小一致，但苏联国旗中的锤子图案较1953年版更粗。且这一版背面仅有"中华人民共和国中央人民政府""人民革命军事委员会"两个机构的名称，文字下方没有了前几版标志性的年份数字。至于这一版为何没有时间年份，笔者推测与我国1954年发生的一项重大事件有直接关系。

1954年9月，新中国第一届全国人民代表大会召开。此次会议制订了我国第一部《宪法》，中苏友谊章背面刻印的机构之一"中央人民政府委员会"被国务院取代（前者以最高国务会议形式继续存在，但不再是常设机构）。根据1954年宪法有关规定：中华人民共和国主席在必要时候召开最高国务会议，并担任最高国务会议主席。该会议还由中华人民共和国副主席、全国人民代表大会常务委员会委员长、国务院总理及其他有关人员参与。背面刻印的另一个机构"人民革命军事委员会"也被国防委员会取代，国防委员会主席由国家主席兼任。这两个机构自新《宪法》通过实施后已经成为历史。严格来说，在1954年9月之后颁发的中苏友谊章背面就不能再出现这两个机构的名字和时间了。因此，这一版本的中苏友谊章仅授予到9月，或是第一届全国人代会闭幕前。由于该章前几个版本的背面印刻的时间仅计算到年，没有具体的月份及日期，加之到了1954年又有新旧机构名称变更的问题存在，在

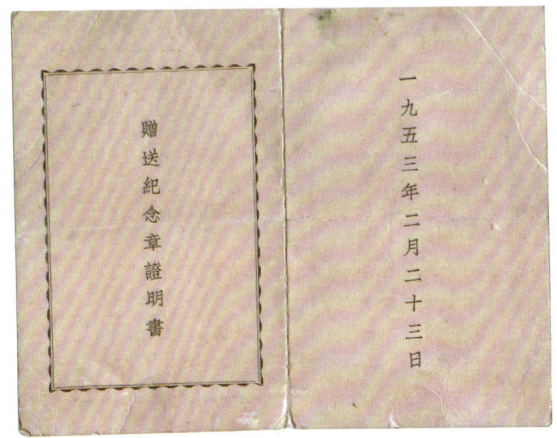

▲ 专门庆祝苏联建军节35周年和中苏条约签订3周年颁发的中苏友谊章证书

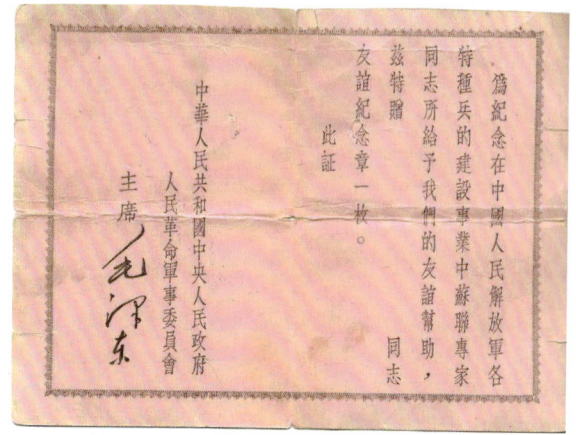

▲ 以中央人民政府主席和人民革命军事委员会主席毛泽东的身份授予的中苏友谊章证书

▲ 以国家主席毛泽东的身份授予的中苏友谊章证书

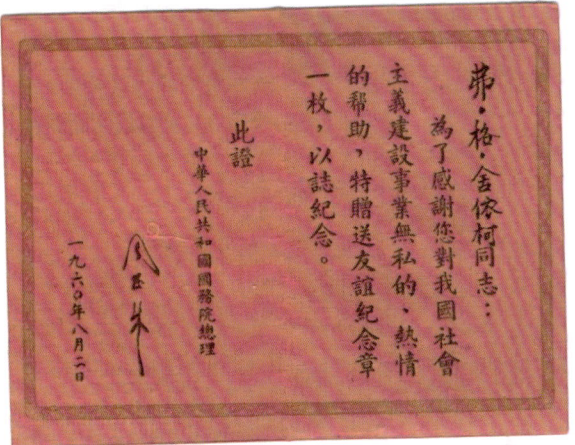

▲ 以国务院总理周恩来的身份授予的中苏友谊章证书

版本：因之前的中苏友谊章背面两个机构已经被新机构所替代，不再行使权力，因此授予这枚章的机构也就随之发生了变化。笔者推测这一版本停止授予的时间应该在1956年，即第一个五年计划实施接近于提前完成的尾声阶段。

中苏友谊章的证书

授予每一枚中苏友谊章的同时，都会配发该章的获得证书。证书上注明了获得者的姓名，落款处为授予机构，从证书的正文部分可以看出获得者的工作领域。

1951年到1954年9月，中苏友谊章的授予单位为中华人民共和国中央人民政府和人民革命军事委员会。在这一时期，中华人民共和国尚没有宪法，当时行使宪法权力的是1949年新政协通过的《中国人民政治协商会议共同纲领》；也没有国家元首、副

元首，只有中央人民政府委员会这一机构——它既有国家元首的权力特征，又有中央人民政府的权力色彩，而政务院是其下辖机构。人民革命军事委员会是中华人民共和国中央军事委员会的前身，属于中华人民共和国武装力量最高领导机关。因此，中央人民政府主席和人民革命军事委员会主席相当于中华人民共和国最高领导人，此时这两个职务均由毛泽东主席担任。他在这一时期前后签发了三种内容不同的中苏友谊章证书，包括授予为中国人民解放军特种兵建设做出贡献的苏联专家的友谊章，以及为庆祝1953年苏联红军建军35周年时，授予驻旅顺苏联军队官员的友谊章。

1954年9月，我国第一届全国人大全体会议通过了《中华人民共和国宪法》，中国社会主义制度正式确立；两个曾经的过渡阶段机构被新的机构所取代；新设立了行使国家元首、副元首权力的国家主席、副主席，并规定国家主席兼任国防委员会主席；政务院更名为国务院，成为名正言顺的中央人民政府。但在这一时期，中苏友谊章的授予机构在证书上仅仅注明为"中华人民共和国主席"。毛泽东主席在这一时期签发的友谊章，专门授予为我国国防事业做出贡献的军事科学领域的苏联专家，以及投身国家级非军事类工程项目的苏联援华专家；周恩来总理在这一时期签发的中苏友谊章，授予的则多为政府级非军事类工程项目，以及各部委聘请的苏联专家。

以国家主席、国务院总理的名义授予中苏友谊章，表明了我国在这一阶段对于援华苏联专家的高度肯定。尤其是在"一五"计划提前完成之后，为了感谢这些专家，以新中国国家元首和政府首脑的身份授予证书，既在国家层面表达了中国对苏联专家的感谢，也体现了新中国国际地位的提升。

▲ 1958年毛泽东与赫鲁晓夫在一起

▲ 苏联专家与中方技术人员在歼教1前合影留念

▲ 苏联专家与矿山工人们在一起

▲ 国务院版中苏友谊章

感激之中依依不舍

　　由于1956年波兰事件的影响和波兰领导人的要求，苏联在1956年10月30日发表了《关于发展和进一步加强苏联同其他社会主义国家的友谊和合作的基础的宣言》，表示将考虑撤回在其他国家工作的苏联专家。此事也对在华的苏联专家产生了影响。

　　早在苏共二十大之后，毛泽东主席已经开始思考"以苏为鉴"和不能照搬"苏联模式"的问题。因此，再保留大量可能影响中国政策方针或体制建设的顾问显然就没有必要了。于是在"一五"计划接近尾声时，我国便开始考虑调整聘请苏联专家和顾问的政策，具体体现在对苏联专家聘请的要求方面，即严格掌握精简原则：凡可聘可不聘的坚决不聘，凡能缓聘的坚决缓聘，各部门聘请苏联专家只有在确属需要新技术、新专业，以及薄弱环节才可聘请；同时，如果能聘请短期专家的就不聘请长期，能几个单位合聘的就合聘。

　　苏联方面也加强了对聘请专家相关手续的管理。过去中方往往在聘期届满时才提出延期问题，苏方为满足聘请部门要求，一般也都同意先把专家留下来，以后再补办手续；但此后使馆就没有权力这样做了。中方要求，对于那些确属非延聘不可的专家，应在专家满期前2—3个月即提出请求，以便在其满期之前办好延聘手续。此后，中方进一步对聘请专家的专业、聘期、来华日期和聘请条件提出了严格要求，并规定了审查制度和相应程序。

　　由于执行了新政策，苏联向中国派遣的专家数

量逐年减少：1957年952人，1958年915人，1959年699人，1960年410人。再加上不断有专家到期回国，从1957年开始，在华工作的苏联专家人数已呈现下降趋势。有材料显示：1957年在华苏联专家共2419人，1958年为1285人。如果和前引的苏方统计数字相比，则在华苏联专家在1957年减少了694人，1958年减少了1134人。至于1960年4月在华工作的苏联专家总数（约1500人）多于1958年，其原因主要在于，中国很多单位要求延长在华苏联专家的聘用期。这里需要指出的是，虽然1957年后，聘请专家的数量进入低潮期，但有些单位根据需要新聘了苏联专家，特别是国防新技术领域。

▲ 民主德国发行的反映中德友谊的邮票

不过，随着中苏关系恶化，聘请专家的工作日益陷入僵局。在1960年全面撤回专家前，苏联对我国国防科技领域的援助已经封口，有关国民经济的新技术则尽量控制，对已经签订的协议采取拖延和推托的态度。对此，周恩来总理在批示苏联专家问题时指出：

一、满期的一般不留，热诚欢送；十分必要而专家本人又好，可提出延聘，如不同意，即不再留。

二、未满期的我们一律不退，帮助他们好好工作，他要撤走，留一次，不成，即不再留；如不征求同意即撤走，应表示遗憾。

三、新聘的，要少提或不提，十分必要的提出后不同意，即不再提。

至此，苏联全面撤回专家的迹象已经显露，中方也有了心理准备。到这一年7月，苏联宣布撤回全部在中华人民共和国的专家，苏联专家在华援助的这段时光被正式终结。

关系恶化是痛苦的，告别也是这样。多数苏联专家已经与中国工人结下深厚友谊：有些专家感慨很多东西还没教会你们就要走了；有的专家不顾纪律，把不许交给中方工作人员的一些技术资料交给中国，或者让翻译人员赶紧连夜翻译一些还没来得及教给中方人员的一些技术知识。

最后一版中苏友谊章诞生于两国尚未交恶的年代，专为感谢苏联专家对"一五"计划的贡献以及之前一系列援华工作的辛勤付出而颁发，却未料到，它也见证了中苏关系从恶化到决裂的过程。

这一版本的中苏友谊章也被称作国务院版，依然采用上挂式结构。该章整体高100毫米，章体高39毫米，宽46毫米，上挂高54毫米，宽45毫米。章体正面的最大变化在于国旗，中国国旗的大五角星与苏联国旗中的大五角星大小不一致：与之前任何一个版本中这一部分的样式相比，这一版刻意在这样一个部分做出了调整。很明显它是一个具有政治意义的符号，中国将成为中苏友谊以及苏联援华专家的主导者。之前任何一个版本似乎都在强调中苏友谊的平等性，但从此前出现的不愉快以及这一时期逐步恶化的两国关系来看，这一政治符号势必会在一个旨在纪念友谊的纪念章上凸显出来。

与之前版本不同的是，这一版本的中苏友谊章由国家主席毛泽东和国务院总理周恩来两位领导人分别签发授予。毛泽东同志于1959年9月第二届全国人大闭幕后未连任国家主席，继任者是刘少奇。因此，1959年9月以后的中苏友谊章均为国务院总理周恩来签发授予，新任国家主席刘少奇则没有签发授予过。次年7月，苏联宣布撤回所有在华专家，最后一次授予苏联专家这枚纪念章则是在告别欢送大会上。此后，再也没有标志两国友谊色彩的纪念章经由国务院总理签发授予，中苏友谊的蜜月期至此结束。

纪念其他援华外籍专家的友谊

在我国开始执行第一个五年计划期间，援助中国的外国专家多来自东欧社会主义阵营。除苏联专家外，还有捷克斯洛伐克、民主德国、波兰、匈牙利等外籍专家。当这批专家任期结束时，我国以中央人民政府的名义授予了这些非苏联的外籍专家中华人民共和国友谊纪念章（下简称"共和国友谊纪念章"）。以下是目前查阅到的相关新闻资料：

1955年12月20日，中国中央人民政府（即国务院）通过时任地方工业部部长，在吉林省新中国制糖厂移交生产仪式上向援助我国建设该制糖厂的波兰人民共和国每一位专家授予了一枚"友谊纪念章"。

▲ 1959年6月1日，国务院副总理兼外交部部长陈毅元帅在太原接见、宴请苏联和东欧援华专家

1958年11月14日，中国中央人民政府（即国务院）通过中华人民共和国驻捷克斯洛伐克临时代办向真诚无私地帮助我国进行社会主义建设的捷克斯洛伐克专家授予了"友谊纪念章"。

1959年1月20日，中国中央人民政府（即国务院）通过中华人民共和国驻波兰人民共和国大使向曾经帮助中国建设的波兰专家授予了"友谊纪念章"。

1959年2月24日，中国中央人民政府（即国务院）通过中华人民共和国驻匈牙利大使向曾经帮助中国进行社会主义建设的23位匈牙利专家授予了"友谊纪念章"。

1959年9月29日，中国中央人民政府（即国务院）通过中华人民共和国驻德意志民主共和国（下简称"民主德国"）大使向曾经帮助中国进行社会主义建设的31位民主德国专家授予了"友谊纪念章"。

1962年9月6日，中国中央人民政府（即国务院）通过中华人民共和国驻匈牙利大使向曾经帮助中国进行社会主义建设的4位匈牙利专家授予了"友谊纪念章"。

下文选取了民主德国和捷克斯洛伐克两个国家援助的，至今影响力较大的两个项目来介绍。

北京798艺术园区，前身是新中国"一五"期间建设的"北京华北无线电联合器材厂"，即718联合厂，是国家"一五"期间156个重点项目之一，也是社会主义阵营对中国的援建项目之一。因为在社会主义阵营电子工业方面处于领先地位，民主德国被

▲ 原北京华北无线电联合器材厂厂区

▲ 运抵中捷友谊农场的农业机械

▲ 时任民主德国副总理的弗里德·厄斯纳参加华北无线电厂奠基仪式

▼ 中华人民共和国
友谊纪念章

▲ 第三套1元人民币上的拖拉机就是捷克斯洛伐克援华的农业器械

委以建设联合厂的重任。当时，前民主德国副总理厄斯纳亲自挂帅，利用全民主德国技术、专家和设备生产线，组织该国44个院所和工厂权威专家成立了一个718联合厂工程后援小组，最后集全民主德国的电子工业力量，包括技术、专家、设备生产线完成了这项带有乌托邦性质的盛大工程。

此外，捷克斯洛伐克对新中国及"一五"计划的援助也是被载入史册的。中华人民共和国诞生后，捷克斯洛伐克迅速宣布承认新中国。在战后的社会主义建设中，两国人民相互支持和帮助。在中国困难时期，捷克斯洛伐克政府提供了大批物资和成套设备，并派出大量技术人员，支援中国恢复和发展经济。1956年年初，时任中国国家副主席的朱德率团出访捷克斯洛伐克共和国，捷政府无偿赠送给我国一套可耕种10万亩土地的现代化农业机械设备，用来装备一个农场。为永久纪念中国和捷克斯洛伐克两国人民的友谊，经国务院批准，周恩来总理亲自将其命名为"中捷友谊农场"（即现在位于河北沧州的中捷斯友谊农场）。就在这一段时间，数名来自捷克斯洛伐克的专家来到农场，为农场的工作人员传授拖拉机技术和农业科技，并为当地农业的发展做出了巨大贡献，也为中捷友谊开启了一段美好的旅程。

中华人民共和国友谊纪念章被授予东欧社会主义国家的援华专家，于20世纪50年代铸造。相比中苏友谊章的铜质镀金材质，友谊纪念章材质为银质镀金，仍是上挂式结构。章体宽42毫米，高45毫米，形状为圆形。章体中间是红五星图案，图案正中为金色天安门，它既代表政治中心，也代表中国共产党。环绕的橄榄枝象征在和平这一主题下建立的互助的友谊。上挂为两条黄色条纹的红色绶带材质叠制而成的五边形，高66.5毫米，宽45毫米，采用挂环与主章连接，背面是别针。纪念章由周恩来总理签发。根据目前收藏市场交易的藏品中证书的签发时间来看，该友谊纪念章于1955年开始授予，最后的时间显示为1965年。

据捷克斯洛伐克当年的援华专家约瑟夫·摩利斯回忆，来中国实现了他"到中国造桥"的梦想，因为他铺架的是捷中人民友谊之桥。他自豪地说："这是我一生中最成功的10年。"友谊章的授予证书中这样写道："约瑟夫·摩利斯同志：为了感谢您对我国社会主义建设事业真诚的、热情的帮助，现送给您友谊纪念章一枚，以志纪念。"这是1959年6月17日由周恩来总理签发的，是他（摩利斯）在即将离任回国前夕，中国政府和人民对他最高的褒奖和评价。

▼ 中华人民共和国友好纪念章

◄ 2010年中国政府友谊奖奖章

▲ 中华人民共和国友谊勋章

2010年，已经84岁的罗马尼亚籍援华专家瓦西里·斯托伊切斯库回忆起当年的故事时提道："1956年我才30岁，同另外6名罗马尼亚专家一起被选中赴华参加电站建设，这在当时是非常光荣的事情，能为中国的经济建设出一份力，我感到非常荣幸！"从他在中国获得的各种表彰证书和感谢信函中，老人小心翼翼地拿出当年周恩来总理为他颁发的一枚友谊纪念章，"这是最珍贵的一枚纪念章"，老人自豪的神情溢于言表。

共和国真正意义的"友谊勋章"

无论是中苏友谊章，还是中华人民共和国友谊纪念章，严格意义来说，都是属于具有勋章意义的纪念章。我国曾在20世纪60年代设立了"友好纪念章"，据推测，这枚纪念章被赠予在中国工作的外交人员。除社会主义阵营国家以外，其他亚非拉国家的外交官也有获得。该纪念章由国务院赠予，章主体为盾牌型，正中是象征和平的鸽子和橄榄枝，橄榄枝衬在一座世界地球图案上，有世界和平友好的意思。绶带样式和共和国友谊纪念章相同。此后，我国还在1991年设立了中国政府友谊奖，是中国政府为表彰在中国现代化建设和改革开放事业中做出突出贡献的外国专家而设立的最高奖项，但它依然属于奖章性质。

2016年1月1日，《中华人民共和国国家勋章和国家荣誉称号法》开始实行。其中规定，国家设立"友谊勋章"，授予为中国社会主义现代化建设和促进中外交流合作，以及为维护世界和平做出杰出贡献的外国人。设立颁授中华人民共和国"友谊勋章"，旨在通过树立中外友谊典范，向世界传递友谊、和平、公平、正义等基本理念，增进世界对中国的了解。终于，中国有了自己真正意义上的友谊勋章。

"友谊勋章"的设计和铸造象征着中国人民同各国人民友好团结、友谊长存、万古长青，并祝愿世界各国共同繁荣。勋章设计样式为链式上挂的颈授勋章模式，整体采用有"燕京八绝"之称的花丝镶嵌工艺和掐丝珐琅技术等传统工艺手工制作。勋章及链式上挂以金色为主色调，主章以金色、蓝色为主色调，正中是象征和平的鸽子，它与蓝底色以及地球仪、橄榄枝、握手图案组成的形象，表达了祝愿世界和平的内涵。主章被衬托在由花丝镶嵌组成的花纹图案上。链式上挂由花丝镶嵌工艺制作的万年青、牡丹花、玉璧、兰草等元素链接而成，每两个元素之间由一个金色中国结链接。花丝镶嵌、掐丝珐琅运用在勋章制作中，使中国传统工艺文化登上了共和国荣誉的最高端。

第一枚中华人民共和国"友谊勋章"于2018年6月8日，由时任国家主席在人民大会堂金色大厅颁授给来华参加上海合作组织峰会的俄罗斯联邦总统。

从中苏友谊章和共和国友谊纪念章到如今的"友谊勋章"，无论是百废待兴的年代，还是不断创造经济奇迹的新时代，我们用心去铸造一枚枚金光灿灿的纪念章、勋章，授予那些对中国可能还不够了解，但仍然全心全意为中国发展提供宝贵经验的专家、国际友人、国家元首，足以见得我们对待这份友谊的真诚。

（本文有关内容参考自沈志华先生《苏联专家在中国》一书，特此致谢）

黄粱一梦
波拿巴王朝诸国勋章一览

作者：莫兴漠

　　1789年，法国资产阶级革命爆发，欧洲各封建国家纷纷起兵讨伐。战争中，拿破仑·波拿巴（Napoléon Bonaparte）崭露头角，他率领法国军队横扫四方，威名远扬。1804年，拿破仑称帝，建立法兰西帝国。为巩固统治，拿破仑将其兄弟亲属安插到其他国家任统治者，形成了波拿巴王朝诸国，波拿巴家族俨然成为全欧洲的主人。然而好景不长，1814年，拿破仑兵败退位，法兰西帝国覆亡，其他波拿巴王朝诸国也在这一过程中土崩瓦解，拿破仑试图统治全欧洲的欲望终究只是黄粱一梦。

　　帝国存续期间，为表彰有功之臣，不少波拿巴王朝诸国都设立了相关勋章，其造型一改过去欧洲勋章惯用的十字形，采用了星型要素，对后世的勋章设计产生了重要影响。除法国的荣誉军团勋章至今仍在颁发，其他勋章都已随着波拿巴王朝诸国的灭亡而废除，因此鲜为人知。

法兰西帝国

　　1804年，法兰西共和国终身执政拿破仑改共和制为君主制，成为皇帝拿破仑一世（Napoléon Ⅰ），建立法兰西帝国，史称第一帝国。1814年，拿破仑兵败退位，被流放海外，法兰西帝国覆亡。1815年，不甘失败的拿破仑回到法国，重登帝位，试图东山再起，无奈天意难违，他又一次以兵败退位、流放海外收场。1821年，拿破仑在流放地去世。

　　法兰西帝国曾设立过三款勋章，分别为"荣誉军团勋章""团结勋章"（Ordre de la Réunion）和"三张金羊毛勋章"（Ordre des Trois-Toisons d'Or）。法国政权历经更迭，仅有荣誉军团勋章颁发至今，因此该章常为世人熟知，此前《号角Ⅱ：世界经典制服徽章艺术》当中有详细介绍，下文不再赘述。团结勋章和三张金羊毛勋章仅在于第一帝国时期，如今已难见其踪。

团结勋章

　　团结勋章设立于1811年10月11日，该章作为荣誉军团勋章的补充，授予民事和军事方面的有功人士，尤其是那些来自新并入法国地区的人士。据说荷兰被法国吞并，也是促成该章设立的重要原因。

　　在最初的设计中，该章的绶章主体为法兰西帝国之鹰，鹰头戴皇冠，皇冠下方绶带中书写着法文"拿破仑"（NAPOLEON）；鹰的周围装饰着6簇箭，每簇5支，缠绕箭镞的缎带上写着法文"永恒"（A JAMAIS）；鹰胸前有一面盾牌，盾上图案是一个被月桂和橡叶环绕的字母"N"（拿破仑名字拼写首字母），环着法文"为了皇帝"（TOUT POUR L'EMPIRE）。

　　星芒的样式与绶章相同，中心图案的主体为拿破仑的宝座，座后交叉着两把三叉戟，分别象征汉堡和热那亚；宝座两侧各有一头狮子，左侧持七支箭的那头象征荷兰，右侧踏百合花的那头象征佛罗伦萨；宝座底座上十字带一座桥的图案象征皮埃蒙特，座前地上给两个婴儿哺乳的母狼象征罗马。有另一版本的星芒设计，其上没有法兰西帝国之鹰，中心图案布局为圆形，上部是皇冠，下部使用了拿破仑的肖像。

　　设计方案后来又进行了大幅度修改，最终定型。分三个等级，即：大十字级、指挥官级、骑士级。大十字级由大绶绶章和星芒组成。绶章上部为一顶皇冠，皇冠下方有条蓝底绶带，其正背两面分别写着法文"拿破仑"（NAPOLEON）、"创立者"（FONDATEUR）。章体为一白色十二角星，旁边装饰着6簇箭，每簇5支；正面中心图案与之前设计的星芒中心图案相同，不过外圈的蓝底文字改为法文"为了皇帝"；背面中心图案与之前设计的绶章中心图案相同，外圈蓝底文字改为法文"永恒"。大绶为淡蓝色，其上带花结。星芒样式与绶章同，但不上珐琅，少数一些会在绶带部分上珐琅。

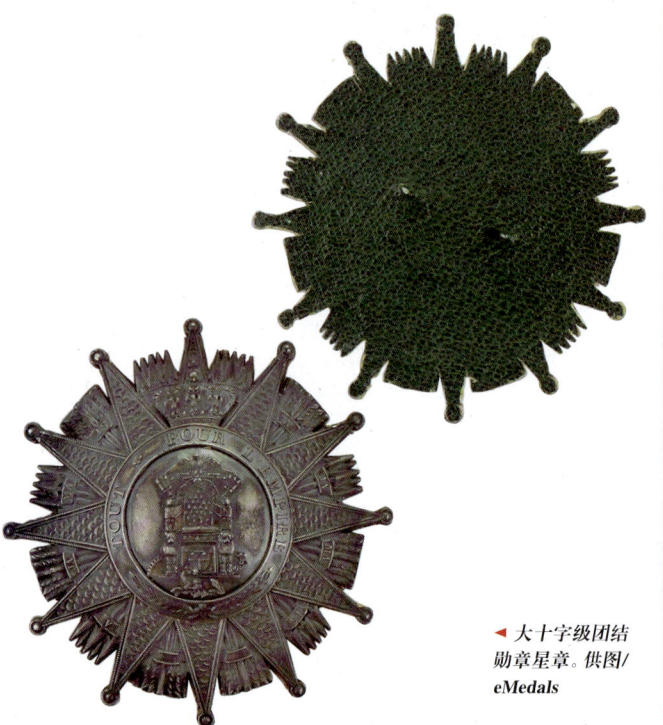

▲ 大十字级团结勋章星章。供图/eMedals

▲ 骑士级团结勋章。供图/DNW

▲ 佩戴骑士级团结勋章的一名龙骑兵军官画像

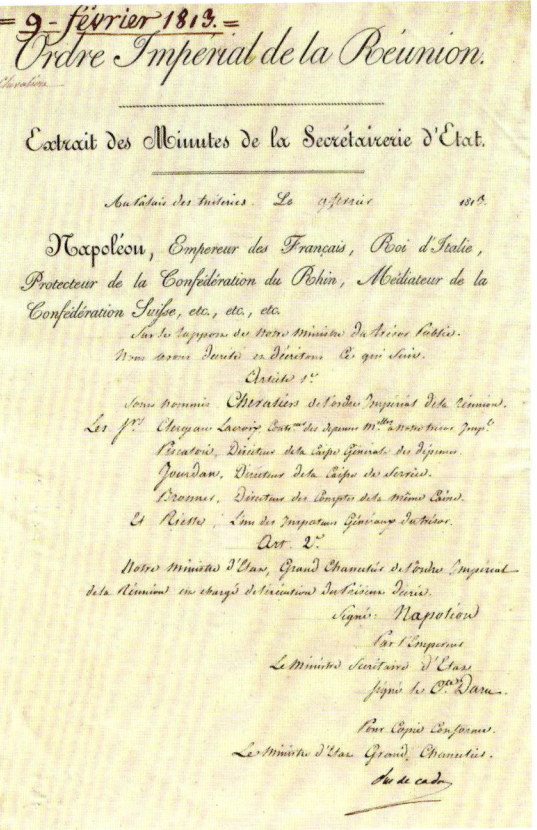

▲ 团结勋章的授予证书

▲ 法兰西帝国时期一幅关于元帅制服的插图，请注意左边的元帅佩戴有大十字级团结勋章

▲ 巴黎荣誉军团勋章博物馆馆藏的团结勋章。摄影/唐思

▲ 佩戴大十字级团结勋章的汉堡总督德尔克·范·霍根多普画像

▲ 佩戴指挥官级团结勋章的热拉尔伯爵埃蒂安·莫里斯元帅画像

　　指挥官级和骑士级为襟绶绶章，绶带带花结。

　　每个级别都有在世获得人数限制，大十字级为75人，指挥官级为2000人，骑士级为10000人。授予王室成员和外国人时不受此限制。

　　1814年，法兰西帝国覆亡，团结勋章停授。关于其确切获得人数，有不同说法。一说大十字级共授予64人（其中荷兰29人），指挥官级授予90人（其中荷兰21人），骑士级授予527人（其中荷兰59人）；另一说三个级别分别授予了131人、127人和1364人，这其中有614人为外国人，有681人曾获得过荷兰团结的王家勋章。两种说法的数据差异较大，可能是因为第一种说法没把之前荷兰团结的王家勋章获得者算进去——该章获得者可直接改佩戴团结勋章。

　　1815年7月28日，法国颁布法令，废除并禁止在其境内佩戴团结勋章，并要求获得者上缴该章。至于具体有多少人遵照执行了该法令，目前尚未见相关资料记载。据一份资料说，荷兰有11套大十字级、36枚指挥官级、59枚骑士级上缴。

　　1852年，法兰西帝国恢复，解除了相关禁令，并重新开模铸造新章，供原来的获得者们购买佩戴。但随着获得者们接连去世，该章最终从公众视野中消失。

三张金羊毛勋章

　　金羊毛勋章（Ordre de la Toison d'or），1430年由勃艮第公爵菲利普三世（Philippe Ⅲ）设立，名称源于古希腊神话《金羊毛》，因此该勋章的样式也设计为一张羊毛。最初该章的在世获得人数限制为24人，自1433年起增加到30人。菲利普三世规定，金羊毛勋章获得者必须接受勃艮第公爵的领导，且不得加入其他类似的组织；另外，金羊毛勋章组织的首领必须在征询其成员意见后，方能决定是否颁发。

　　1477年，勃艮第公爵查理（Charles）在作战中身亡，他没有儿子，唯一的女儿嫁给了后来的神圣罗马帝国皇帝——奥地利大公马西米连一世（Maximilian Ⅰ）。1482年，查理的外孙（即马西米连一世的儿子）继承了勃艮第公爵之位，称菲利普四世（Philippe Ⅳ），由此金羊毛勋章发放权转到了哈布斯堡家族手中。1504年，菲利普四世成为卡斯蒂利亚和莱昂（这两地即为后来的西班牙）的共治国王，称菲利普一世（Felipe Ⅰ）。1516年，金羊毛勋章在世获得人数限制提高到了50人，勋章获得者的权利也扩大了许多，如获得者若被控参与异端和叛乱，则需

◀佩戴大十字级团
结勋章的荷兰王
国财政部部长伊萨
克·高格尔画像

经至少6名其他获得者的同意才能批捕，在被起诉和审判期间，也可不必待在监狱中，而由其他获得者看顾。1700年，西班牙国王卡洛斯二世（Carlos Ⅱ）去世，他没有子嗣，便在遗嘱中指定由其表哥——法国国王路易十四（Louis XIV）的孙子继承王位，称菲利普五世（Felipe V），从此，金羊毛勋章发放权又多出了波旁家族一系。

1808年，法军占领西班牙，拿破仑改封其兄长约瑟夫·波拿巴（Joseph Bonaparte）为西班牙国王；1809年，法军在瓦格拉姆战役（Bataille de Wagram）中击败奥军，打破第五次反法同盟。在胜利面前，拿破仑萌生了一个特别的想法：

勃艮第故地划入法兰西帝国版图后，西班牙的金羊毛勋章转由波拿巴家族负责；如今奥地利又成为法国的手下败将，相关勋章的发放权也移交到了波拿巴家族手里。既然如此，何不把分裂为两派的金羊毛勋章统一起来呢？

于是，1809年8月15日，拿破仑在其占领下的奥地利首都维也纳美泉宫宣布设立一款勋章，名为"三张金羊毛勋章"，将之作为法国的一项高级奖励，分三个等级，即大骑士级、指挥官级和骑士级，在世获得人数限制分别为100人、400人、1000人，获得者将享有专门的退休年金，大骑士级金额不定，指挥官级为4000法郎，骑士级为1000法郎，由罗马邦（États de Rome）和伊利里亚（Idrija）两地的赋税负责此项开支。

消息一出，立即遭到各方反对。奥地利和西班牙都不愿意让这一传统荣誉受到拿破仑染指，法国的荣誉军团勋章获得者们则认为所设新勋章是对他们已有荣誉的贬低。加之此时拿破仑又决定娶奥地利公主为妻，因此发放该勋章的相关事宜便被搁置下来。后来随着局势变化，新勋章的发放愈发遥不可及。1813年9月27日，拿破仑最终将其废除，而至此时，新勋章连样式都没能确定。

据流传下来的设计方案图，三张金羊毛勋章的骑士级绶章上部为法兰西帝国之鹰，鹰身下有一条红色饰带，饰带下方坠着三张金羊皮。不过后世铸造的品种都没有采用饰带方案，而是像奥地利、西班牙的金羊毛勋章那样使用了红色的火焰造型，火焰象征了传说中守卫金羊毛的火龙。

指挥官级星芒中心为圆形，里边是三张金羊皮和一枚五角星，五角星中有字母"N"（拿破仑名字拼写首字母）。圆形外围衬托有三道光芒线，左边那道光芒线的底纹为波旁王朝的标志物——蜜蜂，象征法国；右边那道光芒线的底纹呈层叠波浪状，表示山丘，象征奥地利；下方那道的底纹是放射线条，表示大海，象征西班牙。光芒线周围还有三头法兰西帝国之鹰。

▲ 油画《瓦格拉姆战役中的拿破仑》

▲ 三张金羊毛勋章星章的设计图稿

大骑士级星芒中心与指挥官级星芒中心相同，外围则衬托六道光芒线；光芒线上方有三头法兰西帝国之鹰，其左侧的皇冠象征法兰西帝国，右侧的王冠象征意大利王国；中心下方的月桂环则象征了荣誉。

▲ 后世根据设计图案制作的三张金羊毛勋章

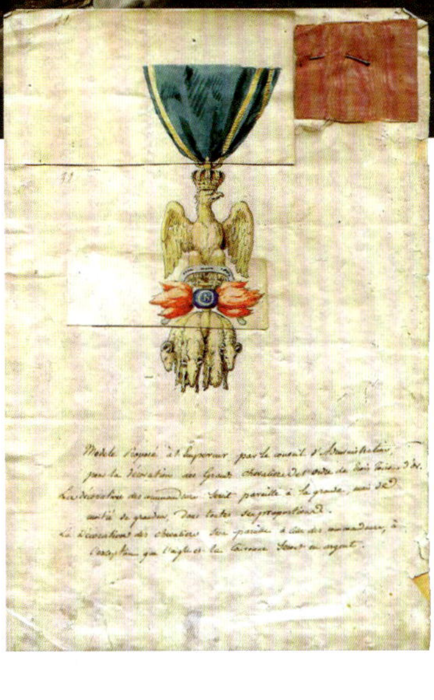

▲ 西班牙国王约瑟夫·波拿巴，拿破仑的兄长

◄ 三张金羊毛勋章绶章的设计图稿。供图/Musée de la Légion d'honneur et des Ordres de Chevalerie

意大利王国

　　1789年法国大革命爆发时，亚平宁半岛（今意大利所在地）上诸国林立。1796年，法国在亚平宁半岛北部建立了奇斯帕达纳共和国（Repubblica Cispadana）和坦斯帕达纳共和国（Repubblica Transpadana）。1797年，奇斯帕达纳和坦斯帕达纳合并，组成奇萨尔皮尼共和国（Repubblica Cisalpina），1802年改名为意大利共和国（Repubblica Italiana），法兰西共和国终身执政拿破仑兼任意大利共和国总统。拿破仑于1804年称帝，而后于1805年改意大利为王国，自己兼任意大利国王，其继子欧仁·德·博阿尔内（Eugène de Beauharnais，约瑟芬皇后的儿子）任副王。1814年，法兰西帝国覆亡后，意大利王国也随之瓦解，波拿巴王朝在意大利的9年统治终结。

　　波拿巴王朝统治意大利期间，于1805年6月5日设立了一款勋章，名为"铁王冠勋章"（Ordine della Corona ferrea）。"铁王冠"是欧洲著名的一顶

▲ 拿破仑的继子欧仁·德·博阿尔内画像。请注意画中他佩戴着铁王冠勋章

王冠，其内部为一铁圈，外部为6块镶嵌了宝石的金板。关于其由来，历史早期文献并无记载，传说6世纪时，伦巴第王后特奥德琳达获得了来自耶稣受难十字架上的钉子，并将其融化做成了铁圈，加上金板后形成了一顶王冠，故名"铁王冠"；774年，法兰克国王查理曼征服伦巴第后，用铁王冠加冕自己为伦巴第国王，以彰显其身为意大利地区统治者的地位。此后，使用铁王冠加冕成为意大利地区的一项传统，1805年拿破仑加冕为意大利国王时也是如此。

　　铁王冠勋章授予民事和军事方面的有功人士，分三个等级，即：骑士大十字级、指挥官级和骑士级。

　　骑士大十字级由大绶绶章和星芒组成。绶章上部为法兰西帝国之鹰，象征拿破仑一世国王的母邦，下部为一顶王冠，王冠中央有拿破仑一世戴王冠和月桂环的侧面肖像，王冠底部有一圈绿底文字，正背两面分别为"上帝赐予我""他人休得染指"，有法文和意大利文两种版本（法文版正面：DIEU ME L'A DONNÉE，背面：GARE QUI LA TOUCHERA；意大利文版正面：DIO ME LA DIEDE，背面：GUAI

▲ 佩藏大十字级铁王冠勋章的里杰沃公爵尼古拉·夏尔·乌迪诺元帅画像

▲ 大十字级铁王冠勋章图样

▲ 佩戴铁王冠勋章的拿破仑画像

A CHI LA TOCCA）。大绶为绿—黄—绿色条纹，绶带上装饰了三顶王冠，下方有花结。星芒主体为圆形，中央为拿破仑一世头戴王冠和月桂环的侧面肖像，外圈交替环绕着三顶王冠和三头法兰西帝国之鹰，外围绿底文字圈内的文字与绶章相同，衬托八道光芒线。

　　指挥官级和骑士级都为襟绶绶章，指挥官级绶带带花结。

　　每个级别都有在世获得人数限制，骑士大十字级为20人，指挥官级为100人，骑士级为500人。其中法国国籍人士在三个级别中的名额分别为：5人、50人和200人。获得者们享有专门的年金，骑士大十字级为3000里拉（lira，与法郎等值），指挥官级为700里拉，骑士级为300里拉。

　　值得一提的是，虽然该章以铁王冠命名，但勋章上出现的王冠并非铁王冠，实在令人疑惑。

　　1807年12月19日，铁王冠勋章造型上取消了骑士大十字级大绶上的三顶王冠，法国国籍人士获得骑士级的名额增加到300人，其他不变。

▲ 骑士大十字级铁王冠勋章绶章。供图/Künker

▲ 骑士大十字级铁王冠勋章星章。供图/
Hermann Historica

▲ 骑士级铁王冠勋章。供图/eMedals

▲ 巴黎荣誉军团勋章博物馆馆藏的铁王冠勋章。摄影/唐思

1814年，意大利王国瓦解，铁王冠勋章停授。法国于当年7月19日颁布法令，禁止在其境内佩戴铁王冠勋章。1852年，法兰西帝国恢复，相关禁令被解除。后来随着该章的获得者们接连去世，铁王冠勋章也逐渐从公众视野中消失。

那不勒斯王国

1789年法国大革命爆发时，亚平宁半岛南部的那不勒斯王国和西西里王国与法国同受波旁王朝统治，那不勒斯国王和西西里国王由同一人兼任，只是在那不勒斯称费尔南多四世（Ferdinando Ⅳ），在西西里称费尔南多三世（Ferdinando Ⅲ）。1806年，法国攻占那不勒斯，拿破仑封其兄长约瑟夫为国王，意大利文称吉塞佩一世（Giuseppe Ⅰ）。1808年，约瑟夫一世改任西班牙国王后，拿破仑封其妹夫贝尔格大公若阿尚·缪拉（Joachim Murat）任国王，意大利文称乔亚奇奥一世（Gioacchino Ⅰ）。1813年，法国在德意志解放战争中战败，乔亚奇奥一世为保住王位，选择加入反法同盟，后来发现自己不被信任，又于1815年站在复辟的拿破仑一边，结果兵败流亡海外。至此，波拿巴王朝在那不勒斯的9年统治终结。

波拿巴王朝统治那不勒斯后，该国原有各种勋章均被废除。1808年2月24日，一款新的勋章设立，名为"两西西里王家勋章"（Ordine reale delle Due Sicilie）。"两西西里"是一个地理名词，指亚平宁半岛南部和西西里岛。显然，这个词的使用表达了那不勒斯王国对西西里岛统治权的觊觎。该章授予民事和军事方面的有功人士，分三个等级，即：骑士大十字级、指挥官级和骑士级。

▲ 拿破仑的妹夫若阿尚·缪拉画像，请注意他佩戴有两西西里勋章

▲ 约瑟夫版骑士大十字级两西西里王家勋章星章。供图/eMedals

▲ 约瑟夫版骑士大十字级两西西里王家勋章绶章。供图/Künker

▲ 约瑟夫版指挥官级两西西里王家勋章。供图/Künker

▶ 另一款约瑟夫版骑士级两西西里王家勋章。供图/Hermann Historica

▼ 约瑟夫版骑士级两西西里王家勋章。供图/Künker

骑士大十字级由大绶绶章和星芒组成。绶章为一枚倒立五角星,五个角带有小圆球。五星上方立着一头法兰西帝国之鹰,象征约瑟夫一世国王的母邦。五星的中心图案为一匹马,象征那不勒斯,外圈蓝底文字为拉丁文的"为了建设祖国"(PRO RENOVATA PATRIA);背面中心图案为三腿人,象征西西里岛,外圈蓝底文字为拉丁文的"西西里之王约瑟夫·拿破仑之位"(JOSEPH NAPOLEON SICIL REX INSTITUIT,亦有"JOSE NAPO SICI REX INS""JOS NAPOLEON SIC REX INSTITUIT"等不同书写格式版本)。大绶为浅蓝色,上面带花结。星芒主体为五角星,旁边衬托着光芒线,其中心图案为两个月桂环,外圈蓝底文字写着"为了建设祖国",或"西西里之王约瑟夫·拿破仑之位"。

指挥官级为领绶绶章;骑士级为襟绶绶章,绶带带花结。

每个级别都有在世获得人数限制,骑士大十字级为50人,指挥官级为100人,骑士级为500人。

两西西里王家勋章设立后不久,约瑟夫一世改任西班牙国王,新任那不勒斯国王的乔亚奇奥一世于当年11月5日对两西西里王家勋章进行了修改,扩大为五个等级,即:骑士大十字级、大军官级、指挥官级、军官级和骑士级。新增的大军官级由领绶绶章和胸章组成,胸章样式同骑士大十字级星芒主体;新增

的军官级为襟绶绶章,绶带带花结;原来的骑士级绶带改为不带花结。所有级别绶章背面文字改为拉丁文"西西里之王若阿尚·拿破仑"(JOACHIMUS NAPOLEO SICILIARUM REX,亦有"JOACHIM NAPOLEO SICIL REX"书写格式),或"那不勒斯和西西里之王若阿尚·拿破仑"(JOACHIMUS NAPOLEO NEAE ET SICILIAE REX)等不同版本,其他不变。

1811年1月28日,骑士大十字级增加国王专属项链绶章,项链由那不勒斯王国15个省(实际控制的有14个)的纹徽组成,按顺时针顺序,分别为:

米迦勒——卡皮塔那塔(Capitanata)

八角星——莫里斯郊区(Contado di Molise)

王冠——乌特拉亲王领地(Principato Ultra)

野猪头——阿布鲁佐斯特拉(Abruzzo Citra)

鹰——阿布鲁佐乌特拉二区(Abruzzo Ulteriore Secondo)

两个白十字加横杠——阿布鲁佐乌特拉一区(Abruzzo Ulteriore Primo)

三腿人——西西里(Sicilia,未控制)

马——那不勒斯(Napoli)

两支丰饶角——拉佛罗地区(Terra di Lavoro)

飞翼和轮——斯特拉亲王领地(Principato Citra)

海上的鹰——巴西利卡塔(Basilicata)

黑十字——卡拉布里亚斯特拉(Calabria Citra)

双十字加横杠——卡拉布里亚乌特拉（Calabria Ultra）

鱼——奥特朗托地区（Terra d'Otranto）

法杖——巴里地区（Terra di Bari）

绶章与项链连接处装饰有月桂环，内有乔亚奇奥一世的肖像，外圈为拉丁文"若阿尚·拿破仑在位第三年"（JOACHIM NAPOLEO TERTIO REGNI ANNO）。

1812年，乔亚奇奥一世随同拿破仑出征俄罗斯，大败而归。乔亚奇奥一世开始与反法同盟进行接触，作为和谈诚意表现之一，两西西里王家勋章所有级别绶章背面文字均改为意大利文"GIOACCHINO RE DI NAPOLI"，意思是"那不勒斯的国王乔亚奇奥"，不久又将绶章背面的三腿人图案改成乔亚奇奥一世的肖像，以示其不再觊觎西西里岛的统治权。

从留存的实物来看，该章还有一些特型，如绶章上不带王冠、星芒和胸章有珐琅等，在此不一一列举。

1815年，因追随拿破仑复辟，乔亚奇奥一世兵败流亡海外，西西里国王费尔南多三世重新获得那不勒斯王国的控制权。不久，缪拉回到那不勒斯，试图东山再起，结果兵败被杀。费尔南多四世在恢复原

▲ 约瑟夫版骑士大十字级两西西里王家勋章绶章。供图/Künker

▲ 两西西里国王费尔南多一世

有勋章的同时并未废除两西西里王家勋章，只将所有级别绶章上部的法兰西帝国之鹰改成王冠，背面中心图案由乔亚奇奥一世的肖像改回三腿人，正面文字改为拉丁文"至尊的两西西里之王费尔南多·波旁"（FERDINANDUS BORBONIUS UTRIUSQUE SICILIAE REX P.F.A，其中"P.F.A"是"PIUS FELIX AUGUSTUS"的简写），背面文字改为拉丁文"1815年7月10日成功接管"（FELICITATI RESTITUTA X KAL JUN MDCCCXV）。国王专属项链绶章被取消，绶带改为蓝—红—蓝—白色条纹，其他不变。

波旁王朝虽然保留了两西西里王家勋章，但并不允许之前的获得者们直接佩戴，而要求他们订制新版章，或将旧章上的鹰饰换成王冠饰，并更换绶带后才可佩戴。1816年，那不勒斯和西西里正式合并，组成两西西里王国，国王名号统一为费尔南多一世（Ferdinando Ⅰ）。1819年1月1日，费尔南多一世宣布废除两西西里王家勋章，另设立圣乔治之团结王家军事勋章（Reale e militare ordine di San Giorgio della Riunione），原两西西里王家勋章获得者们改佩戴该章。

2017年3月25日是缪拉诞辰250周年纪念日，这一天，缪拉的后人——第八世缪拉在法国宣布：恢复颁发两西西里王家勋章。此时距两西西里王家勋章被废除已经过去198年了。

▲ 巴黎荣誉军团勋章博物馆馆藏的两西西里勋章。摄影/唐思

▲ 巴黎荣誉军团勋章博物馆馆藏的链授两西西里勋章。摄影/唐思

荷兰王国

1789年法国大革命爆发时，荷兰的全名为尼德兰七省联合共和国（Republiek der Zeven Verenigde Nederlanden），它参加了1793年的第一次反法同盟，1795年被法国打败占领，法国在荷兰扶植成立了巴达维亚共和国（Bataafse Republiek）；1801年更名为巴达维亚联邦（Bataafs Gemenebest）。1806年，拿破仑改巴达维亚联邦为荷兰王国（Koninkrijk Holland），

▲ 曾任荷兰国王的路易·波拿巴画像，请注意他佩藏着团结勋章

封其三弟路易·波拿巴（Louis Bonaparte）为国王，荷兰文称路德维格一世（Lodewijk Ⅰ）。路德维格一世因反对拿破仑对英国的贸易封锁政策，于1810年7月1日被迫退位，由其次子拿破仑–路易·波拿巴（Napoléon–Louis Bonaparte）继位，称路德维格二世（Lodewijk Ⅱ），7月9日，路德维格二世也被迫退位，荷兰被法国吞并。1814年法兰西帝国覆亡后，荷兰恢复独立，波拿巴王朝在荷兰的8年统治终结。

波拿巴王朝统治荷兰期间，于1806年12月12日设立了一款勋章，授予民事和军事方面的有功人士，但不知出于何故，这款勋章存在两种不同的官方称呼，一为"团结勋章"（Orde van de Unie），另一为"功勋王家勋章"（Koninklijke Orde van Verdiensten）。

该勋章分为两个等级，即：指挥官级和骑士级。指挥官级为领绶绶章，绶章为一枚八角星，上部是王冠，周围衬托着波旁王朝的标志物蜜蜂；正面中心图案为路德维格一世国王的肖像，外圈

▼ 团结勋章链章图样

▲ 佩戴指挥官级团结勋章的艾格伯特·范·米德尔斯图姆

▼ 团结勋章获颁证书

绿底文字为荷兰文"荷兰国王路德维格一世"（LODEWYE I KONING VAN HOLLAND）；背面中心图案为一头雄狮，这头狮子一爪持一把利剑，另一爪持8支箭，这8支箭分别象征荷兰的8个省，即：巴达维亚布拉班特（Bataafs Brabant）、弗里斯兰（Friesland）、海尔德兰（Gelderland）、荷兰（Holland）、上艾瑟尔（Overijssel）、斯特恩蓝德的格罗宁根（Stad en Landen van Groningen）、乌得勒支（Utrecht）和泽兰（Zeeland），外圈绿底文字为荷兰文"不可只看不做"（DOE WEL EN ZIE

▶ 佩戴骑士大十字级团结勋章的荷属东印度总督赫尔曼·威廉·达恩德尔斯

◀ 骑士级团结勋章。供图/Künker

▶ 1808年版荷兰团结的王家勋章设计图稿

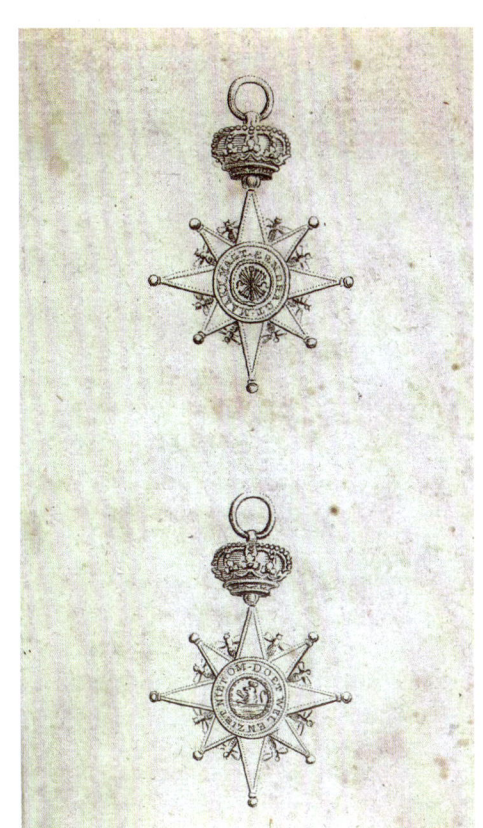

NIET OM）。骑士级为襟绶绶章。每个级别都有在世获得人数限制，指挥官级为50人，骑士级为300人。据资料显示，截至1807年1月1日，有294人被授予骑士级。

1807年2月13日，该勋章改名为"荷兰王家勋章"（Koninklijke Orde van Holland），增加了骑士大十字级，该级由大绶绶章和星芒组成。所有级别绶章中心图案外圈的文字均改为蓝底，背面图案改为海中的狮子——这个图案源自泽兰省的纹徽，泽兰省是个多岛屿的低洼之地，是荷兰低地的代表；星芒主体图案与绶章背面中心图案相同，外围衬托八道光芒线，另有外围八角星衬托光芒线的版本。绶带颜色改为蓝色，大绶和襟绶带花结。每个级别都有在世获得人数限制，骑士大十字级为30人，指挥官级为50人，骑士级为450人。授予王室成员和外国人时则不受此限制。据资料显示，有38人被授予骑士大十字级，68人被授予指挥官级，而获得骑士级的人数不详。

1807年11月23日，荷兰王家勋章又改名为"团结王家勋章"（Koninklijke Orde van de Unie），所有级别绶章正面图案均改为一头雄狮，狮子一爪持一把利剑，另一爪持11支箭，这11支箭象征荷兰的11个省，即：阿姆斯特兰（Amstelland）、布拉班特（Brabant）、德伦特（Drenthe）、弗里斯兰、海尔德兰、格罗宁根（Groningen）、马斯兰（Maasland）、上艾瑟尔、乌得勒支、泽兰和东弗里斯兰（Oost-Friesland），外圈蓝底文字则改为"不可只看不做"，背面蓝底文字改为荷兰文"团结就是力量"（EENDRAGT MAAKT MAGT）。襟绶的花结被取消，其他不变。

1808年2月6日，团结王家勋章再度改名，为"荷兰团结的王家勋章"（Koninklijke Orde der Unie van Holland），又名"团结的王家勋章"（Koninklijke Orde der Unie），原来放在正面的狮子图案移到了背面，正面图案则改为一张弓和11支箭，这11支箭象征了荷兰的11个省。骑士大十字级增加国王专属项链绶章，项链由11支箭和荷兰各省的纹徽组成，按照顺时针顺序，分别为：

海中的狮子——泽兰
两只双头鹰和两组斜杠——格罗宁根
天鹅——马斯兰
蓝底两头狮子——弗里斯兰
蓝黄底两头狮子——海尔德兰
黄底狮子——阿姆斯特兰
鹰、人面鹰、狮、熊等——东弗里斯兰

▲ *1808年版骑士级荷兰团结的王家勋章*

▲ 巴黎荣誉军团勋章博物馆馆藏的荷兰团结勋章。摄影/唐思

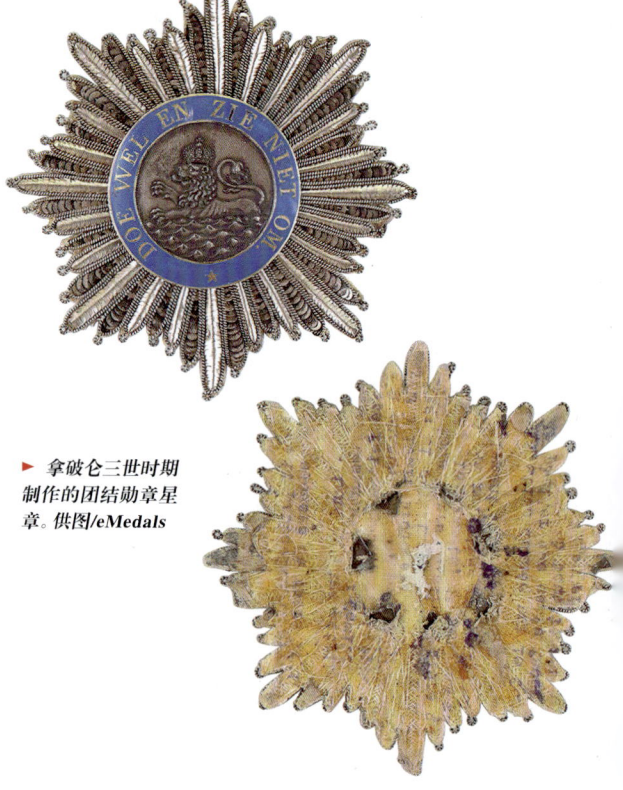

► 拿破仑三世时期制作的团结勋章星章。供图/eMedals

圣母——德伦特
两头狮子和两组十字——乌得勒支
黄底蓝杠狮子——上艾瑟尔
黑底狮子——布拉班特
绶章与项链连接处装饰有月桂和橡叶，外圈蓝底文字写着"团结就是力量"。

▲ 拿破仑三世

▲ 拿破仑幼弟热罗姆·波拿巴画像

威斯特伐利亚王国

　　历史上的威斯特伐利亚（Westfalen）位于德国西部，地域涵盖如今的北莱茵—威斯特伐利亚州全部及下萨克森州、黑森州部分地区。1789年法国大革命爆发时，威斯特伐利亚由多个德意志国家控制。1807年，德意志诸国臣服于拿破仑后，拿破仑将威斯特伐利亚大部划给新成立的贝尔格大公国，并在附近新成立了一个名为威斯特伐利亚的王国，由其幼弟热罗姆·波拿巴（Jérôme Bonaparte）任国王，德文称赫罗姆一世（Hieronymus Ⅰ）。1813年，德意志解放战争爆发，法国兵败，赫罗姆一世弃位而逃，波拿巴王朝在威斯特伐利亚的6年统治终结。

　　波拿巴王朝统治威斯特伐利亚期间，于1809年12月25日设立了一款勋章，名为"威斯特伐利亚王冠勋章"（Orden der Westphälischen Krone），授予在民事和军事方面做出功绩的人士。最初的设计里，该章绶章上部为法兰西帝国之鹰，象征了赫罗姆一世国王的母邦。鹰的下方是王冠饰，章体为一白色十字，周围衬托蓝色装饰，正面中心图案为

一匹马，象征威斯特伐利亚，外圈中的文字为法文"荣誉和祖国"（HONNEUR ET PATRIE）；背面中心图案为法兰西帝国之鹰，外圈中的文字为法文"法兰西人民的皇帝拿破仑"（NAPOLÉON EMP DES FRANÇAIS），显示威斯特伐利亚与法兰西帝国的联系。

　　这个方案很快被否决了，取而代之的是一款被戏称为"动物园"的方案。绶章上部为王冠，王冠之下，法兰西帝国之鹰站立在一条象征着不死的咬尾蛇之上。鹰身下方有一条蓝色绶带，上书德文"1809年12月25日设立"（ERRICHTET DEN XXV DEZEMBER MDCCCIX）。咬尾蛇所环绕的图案，是一个王冠之下的半鹰半狮兽，鹰象征马格德堡（Magdeburg），狮子则象征布伦瑞克（Braunschweig）。半鹰半狮像的胸前有一面写着"HN"〔国王赫罗姆·拿破仑（Hieronymus Napoleon）姓名拼写的首字母〕的盾牌。半鹰半狮像两旁分别衬托着月桂和橡叶，战立在月桂上的马象征威斯特伐利亚，站立在橡叶上的狮子象征黑森（Hessen）。

▲ 佩戴威斯特伐利亚王冠勋章的热罗姆画像

▼ 威斯特伐利亚王冠勋章链章图样

▲ 骑士一级威斯特伐利亚王冠勋章。供图/eMedals

▲ 骑士二级威斯特伐利亚王冠勋章。供图/Hermann Historica

最终，该勋章在这个设计方案的基础上修改并最终定型。勋章样式于1810年4月25日颁布，分三个等级，即：大军官级、指挥官级和骑士级。

大军官级由领绶绶章和星芒组成。绶章的挂环造型为象征着不死的咬尾蛇。绶章上半部分为立着法兰西帝国之鹰，鹰爪下的旗帜上写着法文"我属于联盟"（JE LES UNIS），表现出威斯特伐利亚王国与法兰西帝国的紧密联系。绶章下半部分是一顶王冠，冠底书写着蓝底拉丁文"秉性与真诚"（CHARACTER UND AUFRICHTIGKEIT），背面则是德文"1809年12月25日设立"；冠顶中央是一头戴着王冠的半鹰半狮兽，鹰象征马格德堡，狮子象征布伦瑞克，半鹰半狮像胸前的盾牌上有字母"HN"；冠顶两侧则分别站立着一头狮子和一匹马，狮子象征着黑森，马则象征了威斯特伐利亚。绶带为蓝色。星芒主体图案与绶章相似，外圈蓝底文字是拉丁文"秉性与真诚"，旁边衬托六道光芒

线。大军官级另有国王专属项链绶章，项链由狮子、马、鹰图案组成。

指挥官级为领绶绶章。骑士级为襟绶绶章，绶带带花结。

每个级别都有在世获得人数限制，大军官级为10人，指挥官级为30人，骑士级为300人。授予王室

成员和外国人时则不受此限制。本国获得者将享有专门的退休年金，大军官级为6000—12000法郎，指挥官级为2000法郎，骑士级为250法郎。

1812年，威斯特伐利亚王冠勋章的骑士级改为骑士一级（Ritterkreuz Ⅰ），增设骑士二级（Ritterkreuz Ⅱ）。骑士二级为襟绶绶章，样式与骑士一级相同，但章体不镀金，其在世获得人数限制为500人，退休年金为120法郎。

1813年，威斯特伐利亚灭亡，其领土被并入普鲁士。法国和普鲁士分别于1814年7月19日、1815年2月26日颁布法令，禁止在其境内佩戴威斯特伐利亚王冠勋章。1852年，法兰西帝国恢复，解除了相关禁令。热罗姆作为拿破仑最后一名在世的兄弟，见证了这段历史。1860年，热罗姆去世，其他获得者们也相继离开人世，威斯特伐利亚王冠勋章逐渐从公众视野中消失。

西班牙王国

1789年法国大革命爆发时，西班牙与法国同受波旁王朝统治。1793年法国国王路易十六（Louis XVI）被处决后，与其同宗的西班牙国王卡洛斯四世

▼ 1870年左右制造的一枚大军官级威斯特伐利亚王冠勋章星章。供图/eMedals

▲ 佩戴大授级西班牙王家勋章的何塞·罗梅罗将军

▲ 佩戴指挥官级西班牙王家勋章的法国将军尼古拉·古耶

（Carlos Ⅳ）随即加入了反法同盟。但西班牙参加的1793年和1799年两次反法同盟均被法国打败，于是卡洛斯四世转而与法国结盟。1805年，第三次反法同盟组成，法国和西班牙联合舰队在特拉法尔加海战中被英国舰队歼灭，动摇了卡洛斯四世继续与法国结盟的信心，最终导致1808年法国入侵西班牙。法国入侵之初，扶植了卡洛斯四世的儿子斐迪南七世（Ferdinand Ⅶ）登基，不久又将其废黜，改由拿破仑的兄长——那不勒斯国王约瑟夫一世任国王，西班牙文称约瑟一世（José Ⅰ）。法军入侵后遭到西班牙民众的强烈抵制，起义不断发生，法国大批军力被牵制于此，陷入游击战的泥潭。1813年，约瑟一世随法军撤离西班牙，波拿巴王朝在西班牙的5年统治终结。

波拿巴王朝统治西班牙期间，于1808年10月20日设立了一款勋章，名为"西班牙王家勋章"（Real Orden de España），授予民事和军事方面的有功人士。该章分三个等级，即：大绶级、指挥官级和骑士级。

大绶级由大绶绶章和星芒组成。绶章为一枚红色五角星，五个角顶部带有小圆球；其正面中心图案为一头红色雄狮，象征中世纪时的西班牙古国莱昂（León），外圈蓝底文字为拉丁文"美德与信心"（VIRTUTE ET FIDE）；背面中心图案为一座红色的城堡，象征中世纪时的西班牙古国卡斯蒂利亚（Castilla），卡斯蒂利亚与莱昂合并后成为西班牙的基础，外圈蓝底文字为拉丁文"西班牙和印度之王约瑟夫·拿破仑之位"（JOS NAP HISP ET IND REX INS，乃Joseph Napoleon Hispiarum Et Indiarum Rex Instituit的简写）。大绶为红色，上面带花结。星芒主体与绶章相同，旁边衬托着光芒线。大绶级另有国王专属项链绶章，项链由狮子、城堡、带旗帜的盔甲以及字母"JN"（约瑟夫·拿破仑姓名首字母）组成。

指挥官级由领绶绶章和胸章组成，胸章样式同绶章；骑士级为襟绶绶章，绶带带花结。

从留存的实物和画像来看，该章还有一些特型，如绶章上带王冠、盔甲等配饰，星芒和胸章不上珐琅等，在此不一一列举。

每个级别都有在世获得人数限制，大绶级为50人，指挥官级为200人，骑士级为2000人。授予王室

▲ 骑士级西班牙王家勋章。供图/eMedals

成员和外国人时则不受此限制。本国获得者将享有专门的退休年金，大绶级金额不定，指挥官级为3万里亚尔（Real，相当于7500法郎），骑士级为1000里亚尔（相当于250法郎）。

为了安抚西班牙民众，让他们相信这款西班牙王家勋章不是为法国占领军而设立，1809年9月18日，该章的授予范围撤除了军事领域有功者。另外，为了消除西班牙旧有各项勋赏的影响，除金羊毛勋章外，原有各种勋章均被废除。然而西班牙民众并不以为然，并对该章嗤之以鼻，戏称其为"茄子十字"（la cruz de la Bererjena）。

1813年，约瑟一世离开西班牙，斐迪南七世复辟。1814年7月19日，法国和西班牙同时颁布法令，禁止在其境内佩戴西班牙王家勋章。不过，到处流亡的约瑟夫仍在发放此章，直到1844年去世。1852年，法兰西帝国恢复，解除了相关禁令。随着岁月流逝，该章的获得者们接连去世，西班牙王家勋章最终从公众视野中消失。

尚武荣光

俄罗斯帝国圣格奥尔基勋章（二）

ОРДЕНА СВЯТОГО ВЕЛИКОМУЧЕНИКА И
ПОБЕДОНОСЦА ГЕОРГИЯ

作者：赫英斌

各级圣格奥尔基勋章的颁发数量

由于年代久远，有关各级圣格奥尔基勋章的具体颁发数量，后世的各类文献中出现的数据略有些出入。按照《俄罗斯奖赏 1698—1917》（Награды России 1698-1917）一书的结论，一级圣格奥尔基勋章共颁发25枚，二级123枚，三级652枚，四级约10500枚。其中，四级的颁发数量由以下几项组成：

1869年：因"作战优秀"而颁发2239枚，因"多年服役"而授予8000枚，因"参加20次海上战役"而授予4枚，因"参加18次海上战役"而授予约600枚；

1913年：因"作战杰出"而授予2504枚。

有其他资料指出，二级的颁发数量应为25枚。

也有与上表不同的记载：卫国战争期间，一级圣格奥尔基勋章的颁发数量是5枚，三级155枚；一战时期，二级的颁发数量是4枚，三级71枚。

圣格奥尔基勋章是为奖励在战场上出生入死的军人而设立的，但据文献，共有10300名四级圣格奥尔基勋章的获得者是因按照勋章条例，达到了一定服役年限而被授予的。在该章设立后的100年（即1769—1869年）间，仅有2239人（其中外国人166人）是因"战斗勇敢"而被授予四级圣格奥尔基勋章，同时三级512人，二级100人，一级仅20人。

另一份比较宽泛的统计则认为，截至第一次世界大战结束，四级圣格奥尔基勋章共计颁发约15000枚，其中因战功而颁发的超过6700枚（1913年颁发2504枚），因"25年服役"而授予的超过7300枚，因"参加20次海上战役"而授予4枚，因"参加18次海上战役"而授予约600枚。这个数据是所有文献当中数量最多的。

▲ 佩戴钻石圣安德烈勋章和一级圣格奥尔基勋章的叶卡捷琳娜二世画像

俄罗斯皇室获勋情况

历史上，仅有两位沙皇获得过一级圣格奥尔基勋章。其中一位便是该勋章的设立者——叶卡捷琳娜二世，1769年11月26日，她给自己授予了一枚一级圣格奥尔基勋章。同时，这也是该勋章的第一次颁发。

几次重要战争中圣格奥尔基勋章的颁发数量

（单位：枚）

战 争	一级	二级	三级	四级
1812—1814年卫国战争	7	36	156	618
其中：国外远征部分	4	12	33	127
1853—1856年克里米亚战争	—	3	5	3
1877—1878年俄土地战争	2	11	40	353
其中：奖励外国人部分	—	2	3	35
1900—1901年中国战争	—	—	30	2
1904—1905年日俄战争	—	—	10	256
第一次世界大战	—	6	53	3643
其中：奖励外国人部分	—	—	—	8

（资料来源：《俄罗斯奖赏 1698—1917》）

1801年，勋章杜马提议，亚历山大一世应被授予一级圣格奥尔基勋章，但皇帝推辞了。1805年12月13日，因在奥斯特利茨战役中表现出了个人英勇，皇帝同意被授予四级圣格奥尔基勋章。不过，亚历山大一世的四级圣格奥尔基勋章比较特别，直径27.6毫米，材质为金和珐琅。除因身份而获得的勋章，亚历山大一世共获得过7种勋奖章，包括一枚1812年卫国战争纪念奖章。

1814年，17岁的尼古拉·巴甫洛维奇（保罗一世的三子，未来的尼古拉一世，此时是皇位第二顺位继承人）表达了他对通过建立战功获得圣格奥尔基勋章的渴望。他的二哥康斯坦丁·巴甫洛维奇此时已是战功赫赫：1806年2月16日获得了三级圣格奥尔基勋章；参加了1812年卫国战争及此后的国外远征；1813年秋开始担任后备部队总司令，并获得了钻石金质武器；1813年10月8日因在莱比锡战役中的功绩又获得了二级圣格奥尔基勋章。尼古拉·巴甫洛维奇渴望建立二哥那样的功勋，但他的母亲——沙皇太后玛丽亚·费奥多罗芙娜和他的大哥——皇帝亚历山大一世却不允许。尼古拉·巴甫洛维奇执意来到法国，不想拿破仑战争已经结束了。

1828年，俄土战争再次打响，米哈伊尔·巴甫洛维奇大公（保罗一世的幺子，尼古拉的四弟）担任近卫军军长。在布勒伊拉获胜后，1828年7月28日，米哈伊尔·巴甫洛维奇大公被授予了二级圣格奥尔基

▲ 佩戴圣安德烈勋章和四级圣格奥尔基勋章的沙皇亚历山大一世画像

▲ 康斯坦丁·巴甫洛维奇大公画像，图中他佩戴着圣格奥尔基勋章

▲ 佩戴着圣格奥尔基勋章的尼古拉·巴甫洛维奇大公画像

佩藏四级圣格奥尔基勋章的沙皇尼古拉一世画像

▲ 属于尼古拉一世的联排章，最前面的是带有服役年限标记的四级圣格奥尔基勋章

▲ 属于亚历山大一世的联排章，排在首位的是四级圣格奥尔基勋章，第二位是1812年卫国战争纪念章

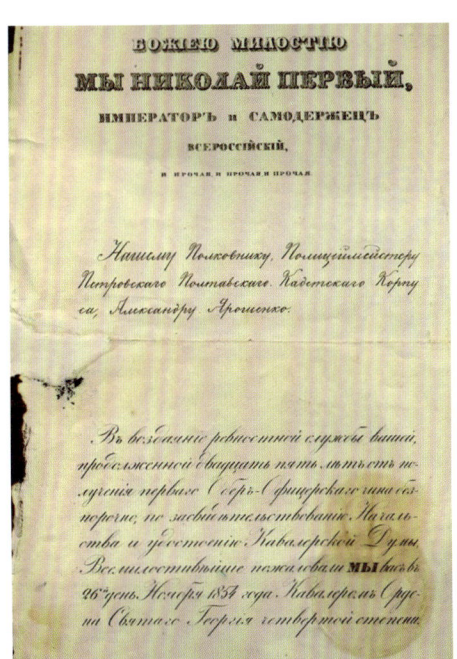

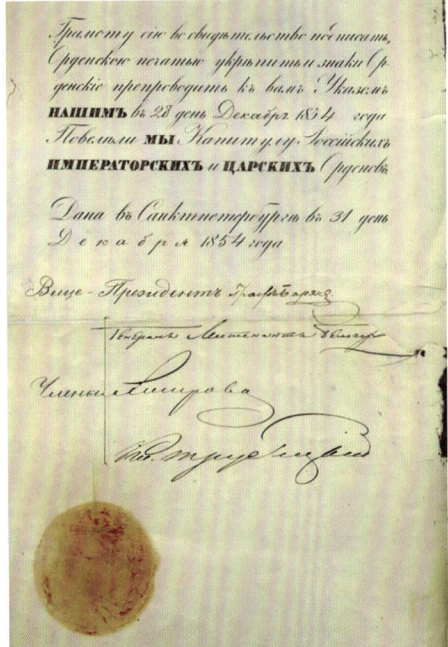

◄ 尼古拉一世的"25年服役"四级圣格奥尔基勋章授予证书

勋章，但大公拒绝佩戴勋章，因为他认为获胜的代价太高昂了。这场战争中，尼古拉·巴甫洛维奇参加了横渡多瑙河等一系列战役，他参战是为了更好地理解帝国的政权体系，因此绝不容许为了获得勋章而做出任何冒险行为，所以他到访战区也纯属观察性质。

后来，尼古拉一世获得了相应的军衔，便具有了获得低级圣格奥尔基勋章的资格。1838年12月1日，尼古拉一世作为陆军军官，终于获得了一枚带有"25年"标记的四级圣格奥尔基勋章。但这时，尼古拉一世对奖赏已经不太感兴趣了。身为沙皇，他一共拥有30多枚外国勋章，除圣安德烈勋章、圣亚历山大·涅夫斯基勋章、圣安娜勋章、圣格奥尔基勋章外，还有三种帝国勋章，即：白鹰勋章（1815年获得）、圣斯坦尼斯拉夫勋章（1815年获得）和一级圣弗拉基米尔勋章（1823年获得）。

尼古拉一世批准了1833年版勋章条例。新条例对可以获得圣格奥尔基勋章的每项军事功绩进行了细致的描述，对服役期限的要求也更加明确。因服役而获得四级圣格奥尔基勋章的条件里，又增加了一条"至少参加过一次战斗"的要求。1833年版勋章条例还确立了严格的从四级到三级的授予顺序。

1850年，为了培养皇位继承人，尼古拉一世把他32岁的长子亚历山大大公送到高加索参战。1850年12月10日，亚历山大大公获得了四级圣格奥尔基勋章。从亚历山大二世留下的众多肖像绘画中可以看出，他非常喜欢佩戴这枚勋章。尼古拉一世的次子康斯坦丁·尼古拉耶维奇大公则早于他的兄长，于1849年参加了进军匈牙利的战事并获得四级圣格奥尔基勋章。克里米亚战争期间，俄军失利，为了稳定克里米亚俄军的军心，因克尔曼会战前夕，尼古拉一世把他的两个儿子——老尼古拉·尼古拉耶维奇大公和米哈伊尔·尼古拉耶维奇大公送到了克里米亚前线。这场战役过后，尼古拉·尼古拉耶维奇大公获得了四级圣格奥尔基勋章。

19世纪中叶，俄罗斯帝国继续扩张其疆界，罗曼诺夫家族的年轻人们前赴后继地投入到帝国事业中。1864年6月15日，因为"征服西高加索"，米哈伊尔·尼古拉耶维奇大公获得二级圣格奥尔基勋章。

1869年11月26日，圣格奥尔基勋章设立100周年之际，冬宫举行了隆重的庆祝仪式。仪式上，亚历山大二世给自己授予了一枚一级圣格奥尔基勋章。

1873年7月22日，康斯坦丁·尼古拉耶维奇大公的儿子，23岁的上校尼古拉·康斯坦丁诺维奇大公因参加进军希瓦获得了金质"勇敢"军刀和圣格奥尔基勋章。

1877年，俄土战争再次爆发，亚历山大二世亲临前线。为了让儿子们能够获得圣格奥尔基勋章，他把他们纷纷送往前线，包括20岁的谢尔盖·亚历山德

▲ 佩戴圣格奥尔基勋章的康斯坦丁·尼古拉耶维奇大公画像

▲ 佩戴着圣格奥尔基勋章的亚历山大二世

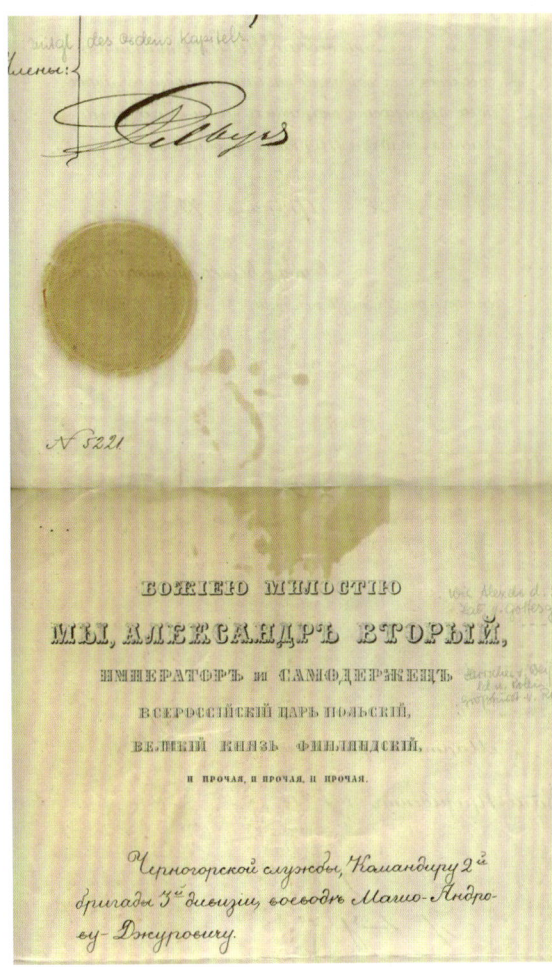

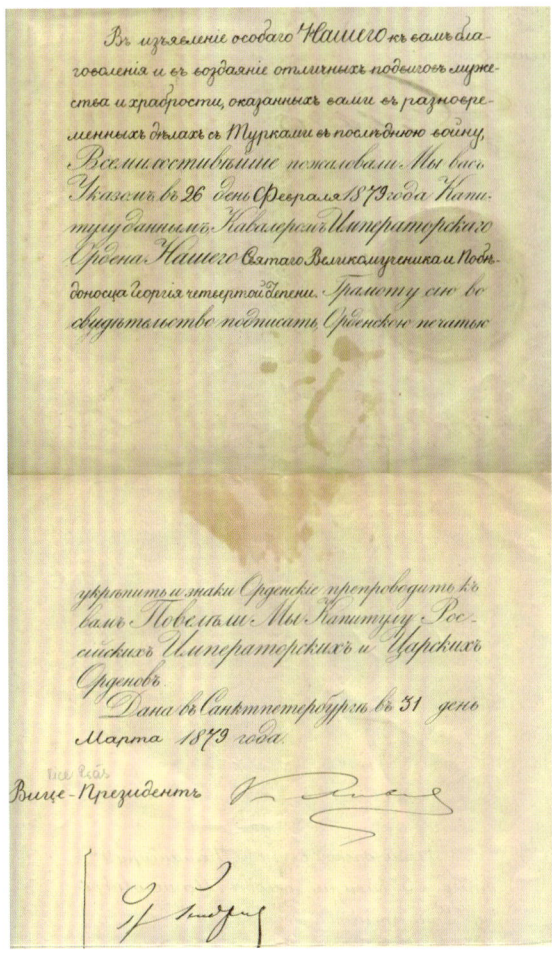

▲ 亚历山大二世的四级圣格奥尔基勋章授予证书

◀ 设立圣格奥尔基勋章100周年纪念章，1869年11月26日发行，正面图案是叶卡捷琳娜女皇和亚历山大二世沙皇，环绕的铭文是两位沙皇的名字，背面图案有圣格奥尔基勋章铭文"为了服役和勇敢"

137

▲ 亚历山大二世的五子谢尔盖·亚历山德罗维奇大公画像，1877年10月20日获得四级圣格奥尔基勋章

▲ 米哈伊尔·尼古拉耶维奇大公，尼古拉一世四子，元帅（1878年），炮兵总监（1852年），国务委员会主席（1881—1905年）。1832年10月13日获一级圣安娜勋章、圣亚历山大·涅夫斯基勋章、圣安德烈勋章，1854年11月7日获四级圣格奥尔基勋章，1863年1月1日获一级圣弗拉基米尔勋章，1863年3月19日获金质勇敢军刀，1864年6月15日获二级圣格奥尔基勋章，1865年获白鹰勋章，1865年6月11日获圣斯坦尼斯拉夫勋章，1877年10月9日获一级圣格奥尔基勋章

罗维奇大公，以及17岁的帕维尔·亚历山德罗维奇大公（亚历山大二世的幺子）。1877年10月12日，谢尔盖·亚历山德罗维奇大公首次接受了战争的洗礼，帕维尔·亚历山德罗维奇大公则只是简单参观了多瑙河司令部。沙皇虽然很想给他的小儿子一个获得圣格奥尔基勋章的机会，但他又不舍得让其面对危险。

弗拉基米尔·亚历山德罗维奇大公参加了1877—1878年的俄土战争，指挥第12军两次击退了土军的进攻，为此获得了三级圣格奥尔基勋章和带有"1877年11月14—30日"铭文的钻石金质武器。

1877年10月9日，亚历山大二世的弟弟、炮兵上将、高加索集团军总司令米哈伊尔·尼古拉耶维奇大公获得一级圣格奥尔基勋章。授勋文件中写道："1877年10月3日，高加索部队在殿下亲自指挥下进行了一场血腥的战斗，粉碎了穆赫塔尔帕夏部队的进攻，并迫使他们大部分放下了武器。"

1877年10月5日，亚历山大二世的弟弟，多瑙河集团军司令老尼古拉·尼古拉耶维奇大公因率军跨过多瑙河获得二级圣格奥尔基勋章。1877年11月29日，亚历山大二世又授予其一级圣格奥尔基勋章，以表彰

其在1877年11月28日攻克普列文要塞并俘虏奥斯曼帕夏部队的功勋，这是俄罗斯帝国授予的最后一枚一级圣格奥尔基勋章。

小尼古拉·尼古拉耶维奇大公也参加了跨越多瑙河的行动，并攻占了希普卡山口，获得了四级圣格奥尔基勋章。

1877年11月30日，亚历山大三世因杰出地执行了阻止敌军突破防线的任务并击退敌人而荣获二级圣格奥尔基勋章。

1914年8月，俄罗斯加入第一次世界大战，此后尼古拉二世经常前往前线视察。1915年8月，俄军溃败后，沙皇亲自担任最高统帅。此前尼古拉二世仅有四级圣弗拉基米尔勋章，他梦想能获得一枚白色的圣格奥尔基勋章。1915年10月，沙皇在皇太子阿列克谢的陪伴下前往西南方面军视察。这次视察安排得相当正式，包括观看分列式、参观医院、会见军官等环节。10月13日，沙皇来到距离敌方奥地利阵地"保持6—7俄里"的地方，由于当时起了雾，看不到敌方阵地，但这毕竟是沙皇距离前线最近的一次。由于他进入了奥地利炮火控制区，1915年10月25日，尼古拉二

▲ 佩戴四级圣格奥尔基勋章的沙皇尼古拉二世

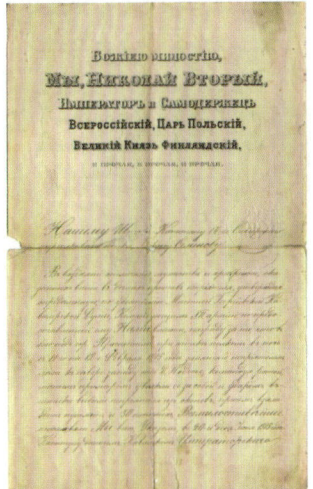
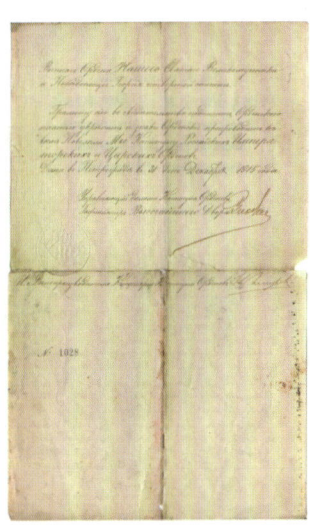

▲ 尼古拉二世的四级圣格奥尔基勋章授予证书

世获得了四级圣格奥尔基勋章。据当时报纸报道，大本营专为此举行了庆祝活动。沙皇在日记中也写道：他很高兴能让儿子看到，罗曼诺夫的最高指挥官获得了四级圣格奥尔基勋章，成为俄罗斯军队的精英。此后，他经常佩戴着这枚备受推崇的勋章。

一级圣格奥尔基勋章颁授情况

一级圣格奥尔基勋章的地位要低于俄罗斯帝国最高等级的圣安德烈勋章，但要高于其他勋章。圣安德烈勋章共授予了1000多人，而一级圣格奥尔基勋章仅授予了25人。作为俄罗斯帝国最高军事奖赏，除俄罗斯皇帝、皇室家族成员及外国人外，只有13位本国军事指挥人员获此殊荣。其中第一位是陆军元帅彼得·亚历山德罗维奇·鲁缅采夫-扎杜奈斯基。

这25位获得者中，只有4人获得过全部四个级别的圣格奥尔基勋章，其中第一位即大名鼎鼎的米哈伊尔·伊拉里奥诺维奇·库图佐夫。卫国战争时期，库图佐夫元帅指挥部队将法军逼到了别列津纳河河岸，将几十万法军打得仅剩两万余人，赶走了拿破仑，胜

▲ 瓦西里·米哈伊洛维奇·多尔戈鲁科夫公爵（1722—1782年），俄土战争中，于1771年7月29日获女皇授予一级圣格奥尔基勋章

利结束了俄罗斯卫国战争。12月12日，沙皇亚历山大一世授予库图佐夫元帅一级圣格奥尔基勋章，这也是1812年卫国战争期间颁发的唯一一枚一级圣格奥尔基勋章。

第二位是陆军元帅米哈伊尔·波格丹诺维奇·巴克莱·德·托利，他于1813年8月18日在库尔

▶ 彼得·亚历山德罗维奇·鲁缅采夫-扎杜奈斯基，陆军元帅（1770年），1770年8月7日（俄历7月27日）被女皇授予一级圣格奥尔基勋章

姆会战中击败法军，从而获一级圣格奥尔基勋章；又于1814年3月19日指挥俄军攻占巴黎，在同一天晋升元帅，战役结束后被赐为公爵爵位。他获得过不少外国勋章，如1807年获普鲁士一级红鹰勋章，1813年5月获普鲁士黑鹰勋章，1813年8月获奥地利玛丽亚·特蕾西亚军事勋章，1814年4月获瑞典一级王剑勋章，1815年8月30日获法国大十字级荣誉军团勋

章、荷兰战争威廉十字勋章和英国一级巴斯勋章。

第三位是陆军元帅伊凡·费奥多罗维奇·帕斯凯维奇，他于1829年7月27日获得一级圣格奥尔基勋章。

第四位是陆军元帅汉斯·卡尔·冯·弗里德里希·安东·迪比奇伯爵，他于1829年9月29日获得一级圣格奥尔基勋章。

获得过一、二、三级圣格奥尔基勋章的仅有3

▲ 米哈伊尔·伊拉里奥诺维奇·库图佐夫，1775年11月26日获第222号四级圣格奥尔基勋章，1789年4月21日获圣安娜勋章，1790年获圣亚历山大·涅夫斯基勋章，1791年3月25日获第77号三级圣格奥尔基勋章，1792年3月18日获第28号二级圣格奥尔基勋章，1799年10月4日获耶路撒冷·圣约翰勋章，1800年9月8日获圣安德烈勋章，1806年2月24日获一级圣弗拉基米尔大公勋章（1789年6月获二级勋章），1812年10月6日获钻石金质武器，1812年12月12日获第10号一级圣格奥尔基勋章，1812年12月12日获钻石圣安德烈勋章

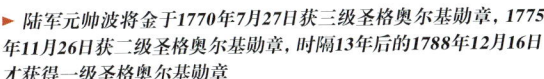

► 陆军元帅波将金于1770年7月27日获三级圣格奥尔基勋章，1775年11月26日获二级圣格奥尔基勋章，时隔13年后的1788年12月16日才获得一级圣格奥尔基勋章

▲ 伊万·弗多罗维奇·帕斯克维奇，陆军元帅，获得的奖赏有一、二、三、四级圣格奥尔基勋章，一、二级圣安娜勋章（分别包括钻石勋章），一、二、三、四级圣弗拉基米尔大公勋章，圣亚历山大·涅夫斯基勋章，钻石圣亚历山大·涅夫斯基勋章，圣安德烈勋章，钻石圣安德烈勋章，佩剑圣安德烈勋章，白鹰勋章等

人，分别是陆军元帅格里高·亚历山德罗维奇·波将金、帝国大元帅亚历山大·瓦西里耶维奇·苏沃洛夫，以及骑兵上将莱昂蒂·莱昂蒂耶维奇·本尼格森。1787—1791年俄土战争期间，俄奥联军在勒姆尼克河畔击败了数量4倍于己的土耳其军队。取得大捷后，圣彼得堡鸣放礼炮、敲钟庆祝，奥地利皇帝赐封苏沃洛夫神圣罗马帝国伯爵头衔，叶卡捷琳娜女皇赐赐苏沃洛夫勒姆尼克伯爵爵位，并授予一级圣格奥尔基勋章。

一级圣格奥尔基勋章获得者当中，共有8名外国人。

1813年8月30日，瑞典国王卡尔十四世·约翰被授予一级圣格奥尔基勋章，以表彰他在莱比锡会战登讷维茨之战中的功绩。

▲ 汉斯·卡尔·冯·弗里德里希·安东·迪比奇伯爵（俄国名字为伊万·伊万诺维奇·迪比奇），1808年5月20日获四级圣格奥尔基勋章，1812年8月24日获三级圣格奥尔基勋章，1829年6月9日获二级圣格奥尔基勋章，1829年9月12日获一级圣格奥尔基勋章

▲ 瓦西里·雅科夫列维奇·奇恰戈夫（Василий Яковлевич Чичагов），叶卡捷琳娜时代海军统帅，1773年11月26日因参加18场海战获得四级圣格奥尔基勋章，1782年晋升海军上将，1782年11月24日获圣亚历山大·涅夫斯基勋章，1788—1790年俄瑞战争时任波罗的海舰队司令，1790年获圣安德烈勋章，1790年7月26日因维堡战役的胜利跨过三级和二级而直接获得一级圣格奥尔基勋章

◄ 卡尔十四世·约翰于1804年晋升法国元帅，1810年被选为瑞典王储，1818年分别以卡尔十四世·约翰和卡尔三世·约翰的名号加冕为瑞典国王与挪威国王。除一级圣格奥尔基勋章，他还于1812年8月30日获圣亚历山大·涅夫斯基勋章和圣安德烈勋章

　　1813年10月8日（公历20日），普鲁士元帅格布哈德·冯·布吕歇尔和奥地利陆军元帅卡尔·菲利普·施瓦岑贝格亲王同时被授予一级圣格奥尔基勋章，以表彰他们在莱比锡会战中的功绩。

　　1814年4月16日，英国陆军元帅第一代威灵顿公爵阿瑟·韦尔斯利被授予一级圣格奥尔基勋章，1815年7月8日他还获得了圣亚历山大·涅夫斯基勋章和圣安德烈勋章。

　　1823年11月22日，昂古莱姆公爵路易·安托万（路易十九）因"结束西班牙战争"而被授予一级圣格奥尔基勋章。

　　1848年8月27日，奥地利陆军元帅约瑟夫·拉德茨基·冯·拉德茨伯爵因为镇压意大利革命"攻占米兰"攻势而被授予一级圣格奥尔基勋章。

　　1869年，圣格奥尔基勋章设立100周年纪念之际，德国皇帝威廉一世被授予一级圣格奥尔基勋章，此前他已获得了四级圣格奥尔基勋章。

▲ 亚历山大·瓦西里耶维奇·苏沃洛夫，1771 年8月19日获第34号三级圣格奥尔基勋章，1771年12月20日获圣亚历山大·涅夫斯基勋章，1773年7月30日获第8号二级圣格奥尔基勋章，1783年7月28日获一级圣弗拉基米尔大公勋章，1787年11月9日获圣安德烈勋章，1789年10月18日获第7号一级圣格奥尔基勋章，1789年11月3日获钻石圣安德烈勋章

1870年6月20日，奥地利大公第三代特申大公爵阿尔布雷希特·弗里德里希·鲁道夫因参加反法战争而被授予一级圣格奥尔基勋章，此前他分别于1849年4月29日和1851年6月12日获得了四级和三级圣格奥尔基勋章。

► 昂古莱姆公爵路易·安托万（路易十九），其所获得俄罗斯帝国勋章除一级圣格奥尔基勋章，还有圣安德烈勋章和圣亚历山大·涅夫斯基勋章

▲ 奥地利帝国和奥匈帝国最后一位著名统帅，奥地利大公、奥匈帝国元帅、普鲁士元帅（1893年9月27日）和俄罗斯元帅（1872年）阿尔布雷希特·弗里德里希·鲁道夫（1817—1895年），除了圣格奥尔基勋章，他获得俄罗斯帝国其他勋章还有一级圣安娜勋章、白鹰勋章、圣亚历山大·涅夫斯基勋章和圣安德烈勋章

▲ 奥地利陆军元帅约瑟夫·拉德茨基·冯·拉德茨伯爵，其获得俄罗斯帝国勋章有圣安德烈勋章、一级和四级圣格奥尔基勋章、圣亚历山大·涅夫斯基勋章、一级圣弗拉基米尔大公勋章、白鹰勋章

一级圣格奥尔基勋章获得者名单

序号	姓名	爵位 军衔	时间
1	叶卡捷琳娜二世	女皇	1769.11.26
2	彼得·亚历山德罗维奇·鲁缅采夫-扎杜奈斯基	伯爵 上将	1770.07.27
3	阿列克谢·格里高利耶维奇·奥尔洛夫	伯爵 上将	1770.09.22
4	彼得·伊万诺维奇·帕宁	伯爵 上将	1770.10.08
5	瓦西里·米哈伊洛维奇·多尔戈鲁科夫	公爵 上将	1771.07.18
6	格里高利·亚历山德罗维奇·波将金	公爵 元帅	1788.12.16
7	亚历山大·瓦西里耶维奇·苏沃洛夫	伯爵 上将	1789.10.18
8	瓦西里·雅科夫列维奇·奇恰戈夫	海军上将	1790.07.26
9	尼古拉·瓦西里耶维奇·列普宁	公爵 上将	1871.07.15
10	米哈伊尔·伊拉里奥诺维奇·库图佐夫	斯摩棱斯克公爵 元帅	1812.12.12
11	米哈伊尔·波格丹诺维奇·巴克莱·德·托利	伯爵 步兵上将	1813.08.19
12	卡尔十四世·约翰	瑞典王储	1813.08.30
13	格布哈德·冯·布吕歇尔	普鲁士陆军元帅	1813.10.08

14	卡尔·菲利普·施瓦岑贝格	公爵 奥地利陆军元帅	1813.10.08
15	阿瑟·韦尔斯利·惠灵顿	公爵 英国陆军元帅	1814.04.28
16	莱昂蒂·莱昂蒂耶维奇·本尼格森	伯爵 骑兵上将	1814.06.22
17	路易·安托万	昂古莱姆公爵	1823.11.22
18	伊万·费多罗维奇·帕斯克维奇	伯爵 副官长 步兵上将	1829.07.27
19	伊凡·伊凡诺维奇·迪比奇-扎巴尔康斯基	伯爵 副官长 步兵上将	1829.11.12
20	约瑟夫·拉德茨基	伯爵 奥地利元帅	1848.08.27
21	亚历山大二世	沙皇	1869.11.26
22	威廉一世	普鲁士国王、德意志帝国皇帝	1869.11.26
23	阿尔布雷希特·弗里德里希·鲁道夫	奥地利大公 奥地利陆军元帅	1870.06.20
24	米哈伊尔·尼古拉耶维奇	大公 副官长 炮兵上将	1877.10.09
25	尼古拉·尼古拉耶维奇（老尼古拉）	大公 元帅	1877.11.29

二级圣格奥尔基勋章颁授情况

作为高级军事奖赏，俄罗斯在扩张领土的各场战争期间，颁发圣格奥尔基勋章的频率特别高。二级圣格奥尔基勋章总共颁发了125枚，而在1769—1869年这百年间就颁发了117枚。

因在1770年7月21日的卡古尔战役中勇敢表现，中将彼得·格里高利耶维奇·普列米扬尼科夫获得了第1号的二级圣格奥尔基勋章。第4号授予了上将阿列克谢·格里高利耶维奇·奥尔洛夫伯爵，第5号授予了海军上将塞缪尔·卡尔洛维奇·格雷格，第9号授予了陆军元帅伊万·彼得罗维奇·萨尔特科夫伯爵，第10号授予了陆军元帅米哈伊尔·费奥多罗维奇·卡缅斯基伯爵。

1812年7月25日，第42号二级勋章授予了第1步兵军军长，未来的陆军元帅彼得·赫里斯季阿诺维奇·维特根施泰因。

1812年7月28日，第51号于1813年5月20日授予了普鲁士元帅格布哈德·莱贝雷希特·布吕歇尔。第53号授予了符腾堡王子——亚历山大·弗里德里希·卡尔-符腾堡。第55号授予了皇太子康斯坦丁·巴甫洛维奇大公。

1813年10月8日，第56号授予了陆军元帅法比安·奥斯滕-萨肯。

1813年12月28日，第60号授予了瑞典将军卡尔·约翰·埃德勒克罗茨。

1814年2月23日，第64号授予了帝国元帅米哈伊尔·谢苗诺维奇·沃龙佐夫。

1815年7月3日，第75号授予了荷兰国王威廉二世。

1840年11月16日，第92号授予了英国皇家海军上

▲ 上将阿列克谢·格里高利耶维奇·奥尔洛夫伯爵，因在第一次俄土战争中指挥俄分舰队消灭土耳其定居点和要塞而晋升中将，获得钻石金质武器，并于1770年9月22日获第4号二级圣格奥尔基勋章

将罗伯特·斯托普福德。

第103号二级圣格奥尔基勋章授予了萨克森国王阿尔伯特·冯·萨克森，他还于1851年7月20日获得了圣安德烈勋章，1871年获俄罗斯帝国元帅军衔。第

▲ 海军上将塞缪尔·卡尔洛维奇·格雷格，苏格兰人，1764年转入俄军服役，1770年因在切什梅海战中担任中坚分队指挥获得二级圣格奥尔基勋章，1788年因戈格兰海战获得圣安德烈勋章

▲ 陆军元帅米哈伊尔·费奥多罗维奇·卡缅斯基，1771年11月1日获三级圣格奥尔基勋章，1775年7月10日获二级圣格奥尔基勋章，8月27日获圣亚历山大·涅夫斯基勋章，1797年3月4日获圣安德烈勋章

106号授予了老尼古拉。第110号授予了陆军元帅德米特里·阿列克谢耶维奇·米柳京伯爵。

1877年11月29日，第111号授予了罗马尼亚大公，后来的国王卡罗尔一世，他在1877—1878年俄土战争中与俄罗斯皆为盟友，出任西路军总司令，后于1912年9月17日获俄罗斯帝国元帅军衔，并获二、三级圣格奥尔基勋章和圣安德烈勋章。

1877年11月30日，沙皇亚历山大三世获得了第114号，他也仅有这一个等级的圣格奥尔基勋章。

第117号二级圣格奥尔基勋章授予了黑山国王尼古拉一世。

第103号二级圣格奥尔基勋章授予了萨克森国王阿尔伯特·冯·萨克森，他还于1851年7月20日获得了圣安德烈勋章，1871年获俄罗斯帝国元帅军衔。第106号授予了老尼古拉。第110号授予了陆军元帅德米特里·阿列克谢耶维奇·米柳京伯爵。

1877年11月29日，第111号授予了罗马尼亚大公，后来的国王卡罗尔一世，他在1877—1878年俄土战争中与俄罗斯皆为盟友，出任西路军总司令，后于1912年9月17日获俄罗斯帝国元帅军衔，并获二、三级圣格奥尔基勋章和圣安德烈勋章。

1877年11月30日，沙皇亚历山大三世获得了第114号，他也仅有这一个等级的圣格奥尔基勋章。

▲ 陆军元帅彼得·赫里斯季阿诺维奇·维特根施泰因。1812年卫国战争任西线第1集团军第1步兵军长，担任掩护彼得堡的任务，因在克利亚斯季齐战役的战功获二级圣格奥尔基勋章以及"彼得堡救星"封号。1813年4—6月任俄普联军总司令，在吕岑和包岑战败后被撤销指挥职务。1818年起任第2集团军司令，在后来的俄土战争中任作战部队总司令。他获得的国外勋章包括普鲁士红鹰勋章、黑鹰勋章和奥地利玛丽亚·特蕾西亚勋章等

▲ 符腾堡王子——骑兵上将亚历山大·弗里德里希·卡尔–符腾堡，在1812年卫国战争中获三级圣格奥尔基勋章。他参加过多次战役，曾先后三次担任里加龙骑兵团团长，并担任过其他军职，于1832年离开俄罗斯

第117号二级勋章授予了黑山国王尼古拉一世。

一战期间，俄罗斯帝国未颁发任何一级圣格奥尔基勋章，仅颁发了5枚二级勋章，其中2枚颁发给了外国人：1914年9月，第120号二级勋章授予法军总司令约瑟夫·霞飞；1916年12月，最后一枚（即第125号）二级圣格奥尔基勋章授予法国名将斐迪南·福煦，他此前于1916年5月4日获得了四级圣格奥尔基勋章。

三级圣格奥尔基勋章颁授情况

第一枚三级圣格奥尔基勋章颁发于1769年12月8日，叶卡捷琳娜二世将其颁发给俄土战争英雄中校费奥多尔·伊万诺维奇·法布里西安。

1770年11月1日，元帅瓦伦丁·普拉托诺维奇·穆辛–普希金伯爵被授予三级圣格奥尔基勋章。

▲ 米哈伊尔·谢苗诺维奇·沃龙佐夫，肖像画中他穿着副官长1815年样式制服，胸部佩戴着银质1812年卫国战争奖章、圣亚历山大·涅夫斯基勋章星章、二级圣格奥尔基勋章星章、一级圣弗拉基米尔大公勋章，二级圣格奥尔基勋章绶章

▲ 德米特里·阿列克谢耶维奇·米柳京，俄罗斯帝国最后一位陆军元帅

1806年1月28日，陆军元帅彼得·米哈伊洛维奇·沃尔孔斯基被授予三级圣格奥尔基勋章。

日俄战争期间，1904年10月24日，大名鼎鼎的罗曼·伊西多罗维奇·康德拉坚科少将也获得了一枚三级圣格奥尔基勋章。

一战期间，三级圣格奥尔基勋章共授予了数十人，其中比较知名的有：骑兵上将阿列克谢·马克西莫维奇·卡列金（1915年5月11日），他于1916年4月25日获得了圣格奥尔基武器，1918年成为俄罗斯南部白卫军运动领导人；拉夫尔·格奥尔基耶维奇·科尔尼洛夫（1915年4月28日）；安东·伊万诺维奇·邓尼金（1915年11月3日）。这几位都是将军。

上述获得者都是将军，但有一名低级军官成为特例。1915年11月14日晚至15日晨的夜间，一战英雄大尉斯捷潘·格奥尔吉耶维奇·列昂季耶夫（1878—1915年）指挥哥萨克游击队和其他部队袭击敌人，最后牺牲在尼维尔庄园。这次行动共歼敌超过60名军官和600名士兵，缴获2门火炮、炮兵弹药车，以及大量军需物资和技术器材。1916年7月9日，斯捷潘被追授三级圣格奥尔基勋章，同时追晋中校军衔。

三级圣格奥尔基勋章也授予外国人，例如1917年6月5日，英国皇家海军元帅约翰·拉什沃思·杰利科便获此殊荣。

▲ 黑山国王尼古拉一世获得俄罗斯帝国勋章有1877年4月获三级圣格奥尔基勋章，1878年1月获二级圣格奥尔基勋章，1889年获圣安德烈勋章

149

▲ 陆军元帅彼得·米哈伊洛维奇·沃尔孔斯基，他是首位编制俄国地图的人，1813—1814年在国外远征时任库图佐夫的参谋长，后任亚历山大的参谋长。总司令部成立后为第一任总司令（1815—1823年），后任宫廷事务大臣，1837年任全国后备军总监，1843年晋升陆军元帅，1852年在彼得堡去世

▲ 罗曼·伊西多罗维奇·康德拉坚科，照片摄于获得四级圣格奥尔基勋章之前

▲ 骑兵上将阿列克谢·马克西莫维奇·卡列金，白俄运动领导人

四级圣格奥尔基勋章颁授情况

　　1770年2月3日，第1号四级圣格奥尔基勋章颁发给了一级少校（注：1731—1797年俄军的校官军衔）莱因格尔德·路德维希·帕特库尔，他于1770年1月12日在多布雷对付众多波兰叛乱分子，因表现勇敢杰

▲约翰·拉什沃思·杰利科，第一代杰利科伯爵，英国皇家海军元帅

出而获得了第一枚四级圣格奥尔基勋章。而第一枚"服役25年"四级圣格奥尔基勋章则于1770年11月25日颁发给了鄂木斯克要塞的创始人——中将伊万·伊万诺维奇·施普林格，编号第77号。第一枚"参加18次海上战役"四级圣格奥尔基勋章则授予了海军大尉杜罗夫，第一枚"参加20次海上战役"四级圣格奥尔基勋章于1735年授予了海军大尉伊万诺夫。到1813年4月，四级圣格奥尔基勋章获得者共计1195人。获得者当中，有许多都成了历史名人，譬如少将帕维尔·阿列克谢耶维奇·图奇科夫（1819年2月15日获得）。

1855年起，圣格奥尔基勋章的颁授范围取消了"完美服役"（达到一定服役年限或参加一定海战

▲ 安东·伊万诺维奇·邓尼金, 白卫军首领之一, 俄国步兵中将。1915年4月4日获四级圣格奥尔基勋章, 肖像画中他佩戴着三、四级圣格奥尔基勋章, 以及另一枚由他本人于1918年8月设立的白俄运动历史上最为尊崇的库班冰雪战斗荣誉奖章, 授予在南俄武装力量邓尼金中将指挥下的库班战役直接参与战斗的白卫志愿军, 他佩戴的是第3号奖章

▲ 俄罗斯内战期间白卫军领导者之一的中将亚历山大·巴甫洛维奇·库捷波夫, 1916年9月26日获四级圣格奥尔基勋章, 1917年3月14日获圣格奥尔基武器, 同年获佩桂树枝四级圣格奥尔基十字奖章

次数) 项, 但之前已经得到过勋章授予命令, 尚未被授予的人士依然有权获得圣格奥尔基勋章, 而不是圣弗拉基米尔勋章。因此1855年后, 四级圣格奥尔基勋章又继续为此发放了几年。最后一名因服役而获得四级圣格奥尔基勋章的人是费奥多尔·格里高利耶奇·克里扎诺夫斯基少将 (1870年)。

这些获得者当中有不少知名指挥官, 如伊万·叶戈罗维奇·季霍茨基。1849年11月26日, 他因"服役25年"获得四级圣格奥尔基勋章; 1855年4月18日, 他因在克里米亚战争期间的表现, 又获得佩蝴蝶结的四级格奥尔基勋章——此时四级圣格奥尔基勋章已经不再为"完美服役"颁授, 仅用以表彰"战功", 为显示与之前的不同, 特地在绶带上增加了蝴蝶结。需要提及的是, 最后一枚蝴蝶结四级圣格奥尔基勋章是在1860年2月颁授的。

一战期间也颁发过两次四级圣格奥尔基勋章。1915年12月14日在塞里特河的进攻作战中, 第73克里米亚步兵团的俄军上尉阿夫杰耶夫因表现勇敢而被授予四级圣格奥尔基勋章, 授予命令于1916年2月20日得

到批准; 1916年4月5日, 他再一次因作战勇敢获得第四级圣格奥尔基勋章, 授予命令在他阵亡前的1917年3月4日获得批准。

四级圣格奥尔基勋章同样授予外国人, 如普鲁士国王弗里德里希·威廉三世, 他还曾获得另一枚俄罗斯帝国勋章——圣安德烈勋章。

四级圣格奥尔基勋章同样授予军队神职人员, 其中首位获得者是军队牧师瓦西里·瓦西里科夫斯基。1812年10月31日在小雅罗斯拉夫韦茨战役战斗中, 他英勇鼓舞士兵打击敌人, 因头部中弹而负伤, 随后在1813年3月17日获得四级圣格奥尔基勋章。

第二位获得者是托博尔斯克步兵团司祭伊奥夫·卡明斯基。1829年, 在对土战争强渡多瑙河的行动中, 他穿着法衣给士兵赐福, 被敌人子弹击中头部, 造成下巴和舌头严重受伤。沙皇授予他四级圣格奥尔基勋章, 并给他终身每年500卢布的养老金, 并命令主教公会确定他为彼得霍夫宫教堂主教。

第三位获得者则是莫吉廖夫团克里米亚战争英雄, 大司祭约安·皮亚季博科夫。1854年对土战争

▲ *帕维尔·阿列克谢耶维奇·图奇科夫，俄罗斯卫国战争时期传奇的"图奇科夫兄弟"之一*

中，残酷的战斗夺走了大量指挥人员的生命，士兵们开始动摇，约安举起手中的十字架，大声激励鼓舞士兵，并第一个登上敌人要塞围墙。约安的胸部两次受到冲击，一枚打在胸部左侧的子弹被十字架反弹开，一颗大型铅弹撕裂了他的法衣。最后，俄军攻克了土军要塞战胜了敌人。1854年8月26日，皮亚季博科夫获得四级圣格奥尔基勋章。

第四位获得者是修士司祭约安尼基·萨维诺夫。他在1855年克里米亚战争强渡多瑙河行动中表现英勇。

进入20世纪后，第一位获得四级圣格奥尔基勋章的随军牧师是第11东西伯利亚步兵团牧师、大司祭斯捷潘·瓦西里耶维奇·谢尔巴科夫斯基，他在1904年4月18日的战斗中做出了英勇无畏的壮举。他也是第五位获此勋章的牧师。

▲ 约安·马特维耶维奇·皮亚季博科夫

▲ 罕见的1908年后牧师奖赏圣格奥尔基绶带十字架,其佩戴方式与勋章类似

　　日俄战争期间,还有许多随军牧师荣获战斗勋章,其中还有6人获得了金质圣格奥尔基十字奖章。

　　一战期间,在军队各部门服务的牧师人数猛增,由战前的730名一跃超过5000名。他们也和普通军人一样,在战壕中生活,也参加战斗。战争开始后直到1915年4月1日,东正教牧师才第一次获得四级圣格奥尔基勋章。一战期间共有约2500名牧师获得国家奖赏,其中14人获四级圣格奥尔基勋章,256人获圣格奥尔基绶带金质十字架,85人获三级配剑圣弗拉基米尔勋章,203人获四级圣弗拉基米尔大公勋章,304人获二级配剑圣安娜勋章,239人获三级配剑圣安娜勋章。

　　在俄罗斯军队中,牧师扮演了重要角色,随军牧师也具有专门的奖励——用圣格奥尔基绶带悬挂的金质十字架。向牧师授予圣格奥尔基绶带金质十字架是一种特殊的敬意,永远不收取金钱。神职人员死后,其法冠、十字架以及来自皇帝陛下的奖赏都不应由继承人持有,而应放置在圣器收藏室。据1871年3月13日法令,十字架不包括在继承人财产中,部分

▲ 苏联电影《骠骑兵之歌》主角的原型,"俄罗斯的花木兰"娜杰日达·亚历山德罗芙娜·杜罗娃

原因是十字架乃东正教神职人员为祖国履行神职和公民职责的实物证明,应统一保管。从18世纪末到尼古拉二世时期,圣格奥尔基绶带金质十字架共授予191个,尼古拉二世统治时期授予347个。如今公众所知的仅有不超过10个这样的金十字架,且几乎都铸于尼古拉二世统治时期,其中几个保存在莫斯科克里姆林宫军械库博物馆。

　　四级圣格奥尔基勋章获得者当中不乏女性。

其中第一位是有着"俄罗斯花木兰"之称的1812年卫国战争女英雄娜杰日达·亚历山德罗芙娜·杜罗娃。她是俄罗斯第一位女军官、女作家，也是著名的"骑兵少女"。

第二位获得者是西西里王国最后一任国王弗朗切斯科二世之妻玛丽·索菲·艾米丽（1861年2月21日获得）。

第三位获得者是一战英雄护士丽玛·伊万诺娃。一战爆发后，她获得了原本仅授予士兵的四级圣格奥尔基十字奖章，以及四级和三级圣格奥尔基奖章。1915年9月9日，她一边救助伤员一边战斗，甚至还击毙了两名敌军军官，后来在随同连队冲向敌方战壕时，因大腿被弹片击中而阵亡。尼古拉二世得知她的英勇事迹后，下达了特别命令，于1915年9月17日给这位不曾拥有任何军衔的英雄追授了四级圣格奥尔基勋章，并为她举办了庄严的告别仪式和隆重的葬礼。

使用了圣格奥尔基勋章元素的部队证章

部队证章是极富俄罗斯特色的军事徽章，很多部队都会设计并开发授予部队证章，用以激励军人荣誉感。由于圣格奥尔基勋章格外受到军人青睐，这些部队证章在设计时也喜欢借鉴圣格奥尔基勋章元素，尤其是该勋章的绶带配色，在不少部队证章上都能看到它的影子。

与圣格奥尔基勋章有关的集体奖励

俄罗斯帝国曾设立了与圣格奥尔基勋章有关的一些集体奖励，授予在战斗中建立了功勋的部队，包括军旗、马队军旗、信号旗、圣格奥尔基银制军号、低衔级军人的制服袖饰、海军低衔级军人水兵帽的圣格奥尔基飘带、圣格奥尔基勋章十字符号及圣格奥尔基绶带。1810年还为俄罗斯海军舰队战舰设立了圣格奥尔基舰艇旗和信号旗等集体奖励。

第一批圣格奥尔基军旗于1800年由保罗一世奖励给莫斯科、斯摩棱斯克和阿尔汉格尔洛哥罗德团等。亚历山大一世将圣格奥尔基军旗旗杆顶的尖顶饰改为配有圣格奥尔基勋章十字双头鹰。

▲ 顿河哥萨克军军官证章，1912年2月18日批准。这个证章由圣彼得堡私营工场1912～1917年制造，尺寸53.3毫米×32.9毫米，重36.61克，材质为银和珐琅

▶ 第30波尔塔瓦步兵团证章，银色月桂花环托着覆盖蓝色珐琅的小椭圆形盾牌，花环上边倾斜靠着双头鹰，鹰头部有三个金色的帝国皇冠，鹰胸部上有覆盖红色珐琅的金色盾牌，带有金字"100"。鹰爪下方为系成结的圣格奥尔基勋章绶带，上面带有白色珐琅的年份"1798"和"1898"标记。鹰翅膀下方的蓝色盾牌上有银色的数字"30"和字母"n"，盾牌基部是金色的圣格奥尔基勋章星章，星章两侧斜上方的皇冠下方是保罗一世与尼古拉二世的字母组合图案。花环下方是金色的绶带，上面带有黑色珐琅"УМРЕМЪ НО НЕ СДАДИМСЯ"标记

▲第14莫扎伊斯克步兵团证章为银和珐琅

▲皇帝陛下御前禁卫第3步兵团证章

▲带有圣格奥尔基飘带的1817年皇帝陛下御前禁卫胸甲骑兵团马队军旗

▶圣格奥尔基军旗的尖顶饰内带有圣格奥尔基勋章十字符号

"二月革命"后颁授情况

俄历1917年6月24日（公历7月7日），临时政府批准设立佩有金属质白色桂树枝的四级圣格奥尔基勋章，用以奖励在战斗中履行战斗军官职责的士兵和水手，士兵被授予该勋章后军衔也会得到相应提升。同时，设立佩桂树枝的圣格奥尔基十字奖章，用以奖励同士兵和水兵一样表现出个人勇敢精神的下级军官，由士兵委员会通过即可授予。由此，圣格奥尔基勋章逐渐演变成俄罗斯勋章历史上首次体现民主公平的勋章，可以同时授予军官和士兵。俄历1917年6月28日（公历7月11日），最高统帅骑兵上将布鲁西诺夫颁布了第534号命令，正式宣布这一决定。1917年7月3日，军事部长克伦斯基颁发了同样的第26号命令。新勋章设立后即颁发了2枚，分别授予第71炮兵旅上士约瑟夫·费尔索夫和奥塞梯骑兵团上士康斯坦丁·扎卡耶夫。但6天后，1917年12月22日，这种勋章又被正式取消。

内战时期颁授情况

内战时期，苏俄各地方当局和白卫军指挥官分别设立了不成体系的综合奖赏及功勋制度。由于白卫军缺乏统一指挥，且受地域分割的影响，白军并没有真正实现联合，也未能形成统一的奖励体系。为解决这一问题，各当局不得不再次启用俄罗斯帝国时期的勋章。1918年11月30日，已宣布成为俄国最高执政者和陆海武装力量最高统帅的亚历山大·瓦西里耶维奇·高尔察克下令恢复俄罗斯帝国奖赏。当年11月26日（俄历），在传统的圣格奥尔基勋章荣誉日这一天，包括圣格奥尔基勋章在内的俄罗斯帝国勋章重新颁发。恢复颁发的包括有二级（含）以下的各级圣格奥尔基勋章、圣格奥尔基武器、二级（含）以下各级圣弗拉基米尔勋章、各级圣安娜勋章、圣格奥尔基十字奖章、勤奋奖章。未恢复颁发的俄罗斯帝国奖励则包括圣安德烈勋章、圣亚历山大·涅夫斯基勋章、一级圣格奥尔基勋章、一级圣弗拉基米尔勋章、白鹰勋章。根据1919年2月9日的第30号命令，取消了根据临时政府规定授予军官的佩桂树枝的圣格奥尔基十字奖章，以及授予士兵的佩桂树枝的圣格奥尔基勋章。

东方面军一共授予124名军官圣格奥尔基奖赏，其中24人获得圣格奥尔基武器，88人获得四级圣格奥尔基勋章，10人获三级圣格奥尔基勋章。高尔察克于1919年4月15日获得了三级圣格奥尔基勋章。这些获得者当中的典型人物是格里高利·阿法纳西耶维奇·韦尔日比茨基，他于1916年10月晋升上校后，因英勇获圣格奥尔基武器，并获四级圣格奥尔基勋章；内战期间他加入白卫军，于1918年7月20日被西伯利

▲ 1917年基辅未知工场制造的带有桂树枝的圣格奥尔基绶带，用于圣格奥尔基十字奖章和四级圣格奥尔基勋章，尺寸为37毫米×27毫米

▲ 海军上将亚历山大·瓦西里耶维奇·高尔察克，照片中他佩戴着三级和四级圣格奥尔基勋章

亚临时政府晋升少将军衔，后晋升中将；1919年7月22日，他又获得了三级圣格奥尔基勋章及三级佩剑圣弗拉基米尔勋章。

北方面军总司令叶夫根尼·卡尔洛维奇·米勒中将于1918年夏也恢复颁发俄罗斯帝国奖赏，包括圣格奥尔基勋章和圣格奥尔基武器。根据他的命令，总计35人被授予圣格奥尔基武器，29人被授予四级圣格奥尔基勋章（其中5枚授予英国干涉军中的英军军官）。

西北集团军司令步兵上将尼古拉·尼古拉耶维奇·尤登尼奇于1919年6月颁授了2枚四级圣格奥尔基勋章和1个圣格奥尔基武器，他本人则是二、三、四级圣格奥尔基勋章的获得者。

内战结束后，俄罗斯帝国圣格奥尔基勋章彻底停颁。

重生

苏联时期，苏联政府对功勋荣誉体系的管控异常严苛，但仍然对圣格奥尔基勋章和奖章表达了足够的尊重，并允许获得者继续佩戴，这也是苏联时期唯一被允许佩戴的"前朝"荣誉。历史照片中可以看到，不少人将圣格奥尔基勋奖章与苏联时期勋奖章"混搭"。其中最著名的是谢苗·米哈伊洛维奇·布琼尼元帅，无论出席任何正式场合，他都佩戴着圣格奥尔基勋章。

1991年"8·19"事件后，政府首脑曾希望恢复圣格奥尔基勋章。但这一想法后来未能成行，取而代之的是"自由俄罗斯捍卫者奖章"。

1992年苏联解体后，俄罗斯联邦需要建立不同于以往的国家奖励。据俄罗斯联邦最高苏维埃主席团1992年3月2日的第2424-1号命令，保留部分旧有勋章，由直属俄联邦总统的国家奖励委员会制订圣格奥尔基勋章和圣格奥尔基十字奖章条例。包括苏沃洛夫勋章、乌沙科夫勋章、库图佐夫勋章、纳西莫夫勋章和亚历山大·涅夫斯基勋章在内的苏联勋章得到保留，圣格奥尔基勋章和圣格奥尔基十字奖章也启动恢复。但1993年"十月事件"后，叶利钦宣布解散最高苏维埃，因此勋章的恢复进程减缓。

2000年8月8日，根据第1463号总统令，圣格奥尔基勋章正式恢复。根据勋章条例规定，只有在面对外敌的进攻战斗中建立功绩，才能获得该勋章。不巧的是，就在总统签署总统令后不久，2000年8月12日上午，猛烈的爆炸炸毁了巴伦支海海底的"库尔斯克"号核潜艇，这次灾难性事故导致118名艇员全部丧生，无一生还。因此，第一名圣格奥尔基勋章获得者推迟到了8年以后。

根据第1463号总统令，圣格奥尔基勋章是俄罗斯联邦军事领域的最高奖项，仅授予高级军官和高级将领。勋章分四级，一级和二级拥有绶章和星章，三级和四级只有绶章，最高级为一级，按照从低到高的顺序颁发。一级圣格奥尔基勋章佩戴在斜跨过右肩的宽绶带上，二级和三级为颈绶，四级圣格奥尔基勋章佩戴于左胸，位于其他勋奖章之前。如果以大绶方式佩戴了圣安德烈勋章，则不佩戴一级圣格奥尔基勋章绶章。

获得者享有的特权是：延续俄罗斯帝国时期圣

格奥尔基勋章的传统，获得者的姓、名和父名会刻在莫斯科克里姆林宫圣格奥尔基大厅的大理石板上。不过，勋章获得者不再享有年度养老金。

根据2008年8月12日第1205号总统令，俄罗斯国家奖励进行了修改，圣格奥尔基勋章的适用范围改为：在战斗过程中，或在"维和"的其他行动中建立功勋。

根据2010年9月7日第1099号总统令，新的勋章条例通过，主要变化体现在四级圣格奥尔基勋章的颁发

▲佩戴着圣格奥尔基十字奖章的一名苏联近卫军士兵

◀佩戴着圣格奥尔基十字奖章和圣格奥尔基奖章的谢苗·米哈伊洛维奇·布琼尼

▶佩戴着圣格奥尔基十字奖章和圣格奥尔基奖章的一名苏联英雄

▼北高加索军区司令谢尔盖·阿法纳西耶维奇·马卡洛夫上将，因其在格鲁吉亚的战绩，于2008年8月18日获得第2号四级圣格奥尔基勋章

对象上。此前该级别仅授予高级军官和高级将领，新条例则规定对象范围可扩展到中级军官。

根据勋章条例，新圣格奥尔基勋章图案与俄罗斯帝国时期的图案基本相同。一级圣格奥尔基勋章绶章十字臂顶点间距为60毫米，大绶带宽100毫米；星章为银镀金，带有放射光芒，相对顶点距离为82毫米。二级圣格奥尔基勋章绶章和星章与一级相同，悬挂绶章的绶带宽45毫米。三级圣格奥尔基勋章绶章十字臂顶点间距为50毫米，绶带宽24毫米。四级圣格奥尔基勋章绶章比三级尺寸小，十字臂顶点间距为40毫米，绶章通过挂座和挂环佩戴，上挂采用五边形垫板，覆盖的绶带宽24毫米。

同时，勋章条例还对微型勋章进行了规范。微型四级圣格奥尔基勋章绶章十字臂顶点间距为15.4毫米，挂件垫板从最高点到底部最低点的厚度差为19.2毫米，上边长10毫米，两条侧边均长16毫米，两条底边均长10毫米。

2008年8月18日，俄罗斯总统梅德韦杰夫举行了

▲ 俄罗斯联邦重新恢复设立的一级圣格奥尔基勋章

▲ 阿纳托利·列别德中校，2003年在一次反恐行动中不幸触雷，致左脚截肢，经批准安装假肢后继续服役，2005年4月被授予"俄罗斯联邦英雄"称号；2008年8月18日因在俄格冲突中作战勇敢而获授第3号四级圣格奥尔基勋章，并于2008年10月1日由俄总统梅德韦杰夫亲自授予；2012年4月27日因驾驶的摩托车发生交通事故身亡

▲ 亚历山大·尼古拉耶维奇·泽林上将佩戴着二级圣格奥尔基勋章

▲ 米哈伊尔·伊万诺维奇·乌拉索夫少将于2009年5月25日获第7号四级圣格奥尔基勋章，2012年晋升中将

首次圣格奥尔基勋章授勋仪式，该勋章设立后的首位获得者——谢尔盖·阿法纳西耶维奇·马卡洛夫上将获得了第2号四级圣格奥尔基勋章。另一位同时获得四级圣格奥尔基勋章（第3号）的是阿纳托利·列别德中校。

2008年任空军第一副司令兼参谋长的瓦季姆·尤里耶维奇·沃尔科维茨基于当年获第4号四级圣格奥尔基勋章，其名字也列于克里姆林宫圣格奥尔基大厅圣格奥尔基勋章获得者大理石板上，但书面信息并没有公开。他于2011年4月以预备役中将军衔离任。

▲ 西部军区第1坦克军第一副司令兼参谋长尤里·亚罗维茨基少将授颁四级圣格奥尔基勋章

▲ 佩戴四级圣格奥尔基勋章的国防部第一副部长兼总参谋长瓦西里·瓦西里耶维奇·格拉西莫夫

空军副司令伊戈尔·瓦西里耶维奇·萨多菲耶夫中将获第5号四级圣格奥尔基勋章。

空军总司令亚历山大·尼古拉耶维奇·泽林上将获得了第3号二级圣格奥尔基勋章。2008年8月18日，总参谋长尼古拉·叶戈罗维奇·马卡罗夫大将获第4号二级圣格奥尔基勋章。

（全文完）

▲ 空降兵司令弗拉基米尔·阿纳托利耶维奇·沙曼诺夫，1999年12月因在车臣战争中的表现获"俄罗斯联邦英雄"称号，2008年获第6号四级圣格奥尔基勋章，2012年5月30日晋升上将

万国勋章汇

作者：姚华/唐思

普鲁士王国
Königreich Preußen
Kingdom of Prussia

　　提及普鲁士王国的历史，必须从在它之前的条顿骑士团国（Deutschordensstaat），或者更早的勃兰登堡边疆区（Mark Brandenburg）说起。

　　起初，勃兰登堡地区位于法兰克人及其他日耳曼民族统治区的东部边陲地带，从公元5世纪起，逐渐有斯拉夫部落迁入。从929年"捕鸟者"亨利一世（Heinrich I. der Vogler）担任东法兰克国王起，每一任东法兰克国王都把征服奥得河流域视作王国的头等大事。948年，亨利一世的儿子奥托一世国王（Otto der Große，即奥托大帝，此时他仍为东法兰克国王，962年才加冕为帝）将这些新征服的城塞划归新设立的勃兰登堡边疆区名下，并设立"勃兰登堡与哈弗尔贝格主教区"（Bistümer Brandenburg und Havelberg）。

　　1125年，洛泰尔二世皇帝（Lothar Ⅱ）在登基后不久即派军队重新进入易北河—奥得河地区，战事再起。新任北境边疆伯爵"黑熊"阿尔布雷希特一世（Albrecht der Bär）在1150年重新夺下勃兰登堡后，皇帝特意将这座城镇封赏给他以示嘉奖。1157

▲ 勃兰登堡边疆区纹章

年，阿尔布雷希特一世的头衔改为勃兰登堡边疆伯爵。此后"黑熊"阿尔布雷希特一世的阿斯坎尼亚家族（Askanier）继续向东扩张。到了13世纪，阿斯坎尼亚家族将领地拓展到了奥得河东岸，这片新的殖民地后来被称为纽马克（Neumark，意为"新的边疆区"）。

1320年，阿斯坎尼亚家族结束了对勃兰登堡的统治。1323年至1373年间，巴伐利亚的维特尔斯巴赫家族（Wittelsbach）兼领了这片地区。1356年，卢森堡王朝的查理四世皇帝（Karl IV）为了谋求诸侯承认其子继承王位，在纽伦堡制订了著名的宪章《金玺诏书》（Goldene Bulle），正式确认大封建诸侯选举皇帝的合法性。诏书以反对俗世的7宗罪为宗教依据（一说是根据古日耳曼七大部落），确立了帝国的7个选帝侯，勃兰登堡边疆伯爵有幸入列。1373年至1415年间，勃兰登堡选侯国属于卢森堡家族所统治的波希米亚王领一部分。

1415年，西吉斯蒙德皇帝（Sigismund von Luxemburg）把已经绝嗣的勃兰登堡选侯国封给来自霍亨索伦家族（Hohenzollern）法兰克尼亚支系的纽伦堡城堡伯爵——弗里德里希六世（Friedrich VI von Nürnberg），后者受封后改称弗里德里希一世选侯（Friedrich I von Brandenburg），之后这个支系又被称为"霍亨索伦家族勃兰登堡支系"。

中世纪早期，普鲁士地区仍处于一片蛮荒之中。当地信奉多神教的古普鲁士人，与拉脱维亚人、立陶宛人属于同一种族。这时期，波兰公爵

▲ 神圣罗马帝国皇帝查理四世（德语为卡尔四世）画像

▲ 神圣罗马帝国皇帝西吉斯蒙德画像

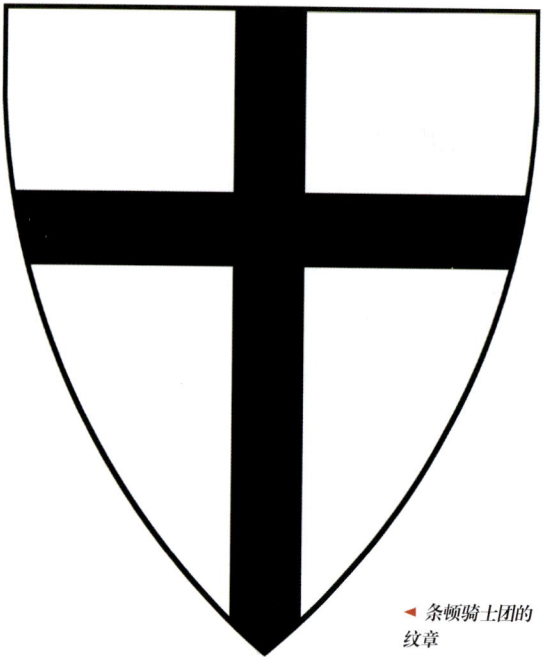

◀ 条顿骑士团的纹章

"无畏的"波列斯瓦夫一世（Bolesław I Chrobry，1025年临终前被教宗加冕为首任波兰国王）大力主张将所有西部斯拉夫人统一在一个基督教王国中，于是派出传教士队伍深入古普鲁士地区广泛布道。来自布拉格的阿达尔贝特（Adalbert von Prag）的传

教活动（为了此次传教，阿达尔贝特还放弃了第二任布拉格主教的职务）起初受到了当地人的欢迎，但逐渐引起了当地祭司们的敌视。更为致命的是，他急于让当地人改信基督教，表现得专横傲慢，最后激起了民愤。997年4月，在一位祭司的煽动下，阿达尔贝特被当地人斩首处决。后来，他的尸首被波列斯瓦夫一世用等重的黄金换回。999年，教宗西尔维斯特二世（Silvester Ⅱ）册封其为圣人。

1147年，已成为波兰最高公爵的波列斯瓦夫四世发兵攻入普鲁士地区，以报复后者在先前的内战中支持了他人（波列斯瓦夫四世的兄长），历史上对此次军事行动的结果没有明确的记述，仅含糊地表示古普鲁士人战败，不过显而易见的事实是：1157年，波列斯瓦夫四世与兄长的支持者——神圣罗马帝国皇帝"红胡子"弗里德里希一世（Friedrich Ⅰ Barbarossa）交战时，普鲁士人出现在波兰旗帜下。

1166年，波列斯瓦夫四世与弟弟桑多梅日公爵亨里克（Henryk Sandomierski）率军越过奥萨河（Ossa）再次进入普鲁士地区。早有准备的普鲁士人将亨里克的部队引诱至设在沼泽旁的伏击圈。在漫天的箭雨和滚木的阻挡下，亨里克全军覆没。此后的1191年至1193年间，"公正的"卡齐米日二世（Kazimierz Ⅱ Sprawiedliwy）多次沿德尔文察河（Drwęca）入侵普鲁士，迫使部分普鲁士部落纳贡后才撤军。

▲ 波兰公爵"无畏的"波列斯瓦夫一世，后成为第一任波兰国王

▲ 深入古普鲁士地区布道的传教士布拉格的阿达尔贝特画像

▲ 波兰国王"歪嘴"波列斯瓦夫三世画像

▲ 波兰国王"公正的"卡齐米日二世画像

▲ 马佐维亚公爵康拉德一世画像

　　1226年，卡齐米日二世之子马佐维亚公爵康拉德一世（Konrad Ⅰ Mazowiecki）效仿父亲再次入侵普鲁士地区，但以失败告终，领地反遭普鲁士人袭击。走投无路之下，他与已经出现在欧洲，但同样陷入困境的条顿骑士团达成协议：后者负责保卫马佐维亚公国的边境安全，以获得在波罗的海普鲁士地区建立据点的权力。但骑士团大团长赫尔曼·冯·萨尔扎（Hermann von Salza）其实另有想法，他打算在所占土地上长期发展，并通过与普鲁士人的实战来训练麾下的骑士。同年，弗里德里希二世皇帝（Friedrich Ⅱ）在里米尼（Rimini）发布诏书，史称《里米尼黄金诏书》（Goldenen Bulle von Rimini），授予条顿骑士团征服普鲁士特许状，使其获得普鲁士境内的一切贵族特权。1230年，康拉德一世公爵与条顿骑士团达成协议：如果条顿骑士团征服库尔兰（Kurland），他将把这块土地永久赠予骑士团，但骑士团仅拥有管理权，而库尔兰的所有权仍然属于君主。

　　1234年，教宗额我略九世（Gregorius Ⅸ，另译作"格里高利九世"）发布教谕，宣布条顿骑士团从异教徒手中征服的土地不受任何当局的管辖，同时骑士团负有将当地原住民基督化的责任。由此，骑士团在普鲁士地区的军事行动具有了强大的政治保障。

▲ 位于下萨克森的马林堡，这里是曾经的骑士团总部，也就是骑士团国的首都

◀ 油画《格林瓦尔德之战》

▲ 来自霍亨索伦家族勃兰登堡—安斯巴赫支系的阿尔布雷希特画像，他是第一任普鲁士公爵

1236年，圣剑骑士团（Schwertbrüderorden，即利沃尼亚骑士团）在苏勒之战中败于立陶宛人，残部奉教廷之命并入条顿骑士团，后者顺理成章地获得了不少前者留存于利沃尼亚的城堡据点。1291年，阿克陷落后，条顿骑士团没有与圣殿骑士团、医院骑士团一起前往塞浦路斯，而是去了威尼斯。普鲁士全境被征服后，1309年，骑士团将总部从威尼斯迁到了普鲁士马林堡（Marienburg），建立了条顿骑士团国。

骑士团国作为一个强大的地方诸侯，兼德意志人和拉丁天主教世界对抗罗斯人和希腊东正教在波罗的海地区扩张的重要堡垒，吸引了大量德意志人、波兰人、立陶宛人和欧洲其他种族移居至此，强迫移民基督化与德意志化。

1410年7月15日，条顿骑士团与波兰—立陶宛联军决战于格林瓦尔德〔Grunwald，德国人称之为坦能堡（Tannenberg）〕，此役骑士团惨败，大团长乌尔里希·冯·容金根（Ulrich von Jungingen）与全体高级军官连同8000名骑士战死。条顿骑士团精锐尽失，从此一蹶不振，波兰由此逐渐收复失地，并获得格但斯克〔Gdańsk，德国人称之为但泽（Danzig）〕等城镇和波罗的海出海口。1411年2月1日，交战双方签订和约，后世称《第一次托伦和约》（Erster Frieden von Thorn）。这份合约规定，条顿骑士团将在战争期间占领的多布林地区（Dobrin）归还给波兰王国，并将萨莫吉提亚（Samogiten）暂时划归立陶宛，同时支付10万波希米亚格罗申（Böhmischer Groschen，一种流通的银币）的赔款。

巨额赔偿对于条顿骑士团而言是一个沉重的负担，它直接导致骑士团内部纷争不断、境内经济衰退。农民们不满骑士团的横征暴敛，趁此机会起来反抗；骑士团内部因权力争斗陷入混乱；骑士团国所辖各城市和地方贵族不满高额赋税，要求参与决策。1440年，53名贵族和19个城市在马林堡建立了旨在反抗骑士团专横统治的普鲁士同盟（Preußischen Bund），其中包括但泽、埃尔宾〔Elbing，现名埃尔布隆格（Elbląg）〕与托伦（Thorn/Toruń）。1453年2月，普鲁士同盟与波兰联手对抗条顿骑士团国，由此引发了持续13年的战争，直到1466年10月9日，双方签订《第二次托伦和约》（Zweiter Frieden von Thorn）。这份和约使得骑士团国又损失了大量的领地，其中甚至包括总部所在地马林堡。除此之外，在政治上，骑士团国还要承认臣服于波兰，这一条在骑士团内部引起了极大争议。

1511年，来自霍亨索伦家族勃兰登堡—安斯巴赫支系的阿尔布雷希特（Albrecht von Preußen）在其舅舅——波兰国王齐格蒙特一世（Zygmunt I Stary）的操控下，成为条顿骑士团第37任大团长。此举原本是波兰为了继续巩固自《第二次托伦和约》签订以来其

在东普鲁士地区的统治地位。但新的大团长上任后不久，认为他所效忠的对象应是皇帝与教宗，拒绝向波兰称臣，双方矛盾日益激化。

1515年，神圣罗马帝国皇帝马克西米利安一世在维也纳接见了波希米亚兼匈牙利国王弗拉迪斯拉斯二世（Wladislas II）与波兰国王齐格蒙特一世。会上各方达成协议：帝国将不再支持波兰的敌人条顿骑士团。

1519年12月，条顿骑士团国与波兰王国爆发战争，但此时的骑士团早已没有了鼎盛时期的实力，在遭受了一系列失败后，被迫于1521年提出休战，并在付出不菲的代价后，才获得为期4年的停战期。

此后，内心苦闷的阿尔布雷希特来到了处于宗教改革中的德意志地区，他向各方诸侯寻求支持，但毫无成效。不过在此过程中，路德新教引起了阿尔布雷希特的兴趣。1522年，阿尔布雷希特在纽伦堡结识了当地一位神学家、路德教士安德烈亚斯·奥西安德尔（Andreas Osiander），后者给了他许多宝贵的建议，同时提议可以去维滕堡（Wittenberg）寻找答案。

阿尔布雷希特来到维滕堡后，见到了宗教改革运动发起者马丁·路德（Martin Luther）。在路德的建议下，阿尔布雷希特于1525年辞去大团长职务，并

▲ 宗教改革家安德烈亚斯·奥西安德尔画像，他曾是哥白尼著作《天体运行论》初版印刷时的校对者

▲ 普鲁士首任国王弗里德里希一世画像

将骑士团国世俗化，更名为普鲁士公国（Herzogtum Preußen），自己为首任公爵。同时，他在公国内推行新教化运动，对外坚持不向波兰臣服。但是，骑士团内部的保守势力，以及德意志的天主教贵族均对阿尔布雷希特的做法十分不满。1526年，阿尔布雷希特通过迎娶丹麦兼挪威国王弗雷德里克一世（Friedrich Ⅰ von Dänemark und Norwegen）的女儿多萝茜娅（Dorothea von Dänemark），为自己找到了一个强有力的依靠，反对声顿时消散了。

1568年，阿尔布雷希特死去，其子阿尔布雷希特·弗里德里希（Albrecht Friedrich）继位。1594年，弗里德里希的长女安娜（Anna von Preußen）嫁给了同为霍亨索伦家族勃兰登堡支系的约翰·西吉斯蒙德（Johann Sigismund von Brandenburg，1608年袭爵为勃兰登堡选侯）。1618年，阿尔布雷希特·弗里德里希公爵去世，因无男嗣（他的两个儿子皆早夭），遂将领地给予女婿，两国合并改称勃兰登堡—普鲁士公国（Brandenburg-Preußen）。

1701年1月18日，弗里德里希三世在柯尼斯堡〔Königsberg，现名加里宁格勒（Kaliningrad）〕加冕成为普鲁士国王弗里德里希一世（Friedrich Ⅰ von Preußen）。之后他积极参与西班牙王位继承战争，继续扩大领土，相继获得林根（Lingen）、默尔斯（Moers）、盖尔登（Geldern）、克莱沃（Kleve）、拉文斯堡（Ravensberg）等地。同时，弗里德里希一世在王后汉诺威的索菲·夏洛特（Sophie Charlotte von Hannover）的积极影响下，使王国的经济、文化水平得到长足发展，逐步摆脱了神圣罗马帝国的影响，为普鲁士争夺欧洲霸权打下基础。

1740年，弗里德里希二世（Friedrich Ⅱ der Große，即腓特烈大帝）即位，从此普鲁士进入了"开明君主时代"。弗里德里希二世所奉行的"国家利益至上"理论为普鲁士带来了庞大的财源，从而也将普鲁士带上了强权之路。

1740年10月，奥地利皇帝查理六世（Karl Ⅵ）去世，他留下一封诏书，将奥地利大公衔、匈牙利与波希米亚王位一同传予长女玛丽娅·特蕾西娅（Maria Theresia）。对此，法国、普鲁士、巴伐利亚和西班牙均对玛利亚·特蕾西娅的继承权表示异议，而英国和俄国则表示支持奥地利。1748年，奥地利王位继承战争结束，但这并没有解决任何争端，反而在世界范围内造成了多处危机。

▲ 普鲁士国王弗里德里希·威廉一世画像

1700年，西班牙哈布斯堡王朝的卡洛斯二世（Carlos Ⅱ）无嗣而终，王位空缺，法国的波旁王朝与奥地利哈布斯堡王朝为争夺西班牙王位，引发了一场席卷欧洲大部分国家的冲突。在这场被后世称为"西班牙王位继承战争"的混战中，时任勃兰登堡选侯兼普鲁士公爵弗里德里希三世（Friedrichs Ⅲ von Brandenburg）率先向陷入孤立的利奥波德一世（Leopold Ⅰ）示好，表示愿意与之结盟并派出援军。作为回报，皇帝在秘密协约中答应授予其国王称号。

▲ 普鲁士国王弗里德里希二世最广为人知的一幅画像

奥地利认真分析了先前失利的原因，认为获胜的关键一方面在于分化敌人，一方面在于拉拢所有与己方有共同利益目标的盟友。为了在外交领域赢得先机，玛利亚·特蕾西娅的密使不遗余力地在各国游说宣传，期间碰到的最大难题是如何让上次大战中普鲁士的盟友法国转变阵营。正当帝国皇后与她所任命的首相文策尔·考尼茨—里特贝格（Wenzel Anton Graf Kaunitz-Rietberg）一筹莫展时，突然传来奥地利盟友英国与普鲁士结盟的消息。

对弗里德里希二世来说，英国人提出的条件非答应不可，因为玛利亚·特蕾西娅已经与敌视德意志势力的俄国女沙皇伊丽莎白·彼得罗芙娜（Елизавета Петровна Романова）达成了共识，而原盟友法国国王路易十五（Louis XV）在其情妇蓬帕杜夫人（Madame de Pompadou）的影响下也变得摇摆不定。1756年1月16日，英普两国签订《威斯敏斯特条约》（Konvention von Westminster），商定英国和普鲁士将共同抗击入侵德意志地区的外国军队，普方希望背靠英国使俄奥两国不敢贸然开战，英国则希望普鲁士承担起保护汉诺威的责任。

但在路易十五的眼里，《威斯敏斯特条约》的订立使弗里德里希二世立即成为"不可靠"的代名词。玛丽亚·特蕾西娅趁机再次向法国示好。同年5月1日，奥法两国签署《凡尔赛协定》（Vertrag von Versailles）。听闻消息后，弗里德里希二世嘲笑奥、俄、法三国集团是由"玛丽亚·特蕾西娅、伊丽莎白·彼得罗芙娜和蓬帕杜夫人的三条裙子"组成的。

但是很快，弗里德里希二世就尝到了轻视女人的恶果。1756年5月17日，英国率先向法国宣战，5月20日，英法舰队交战于梅诺卡岛（Menorca）附近海域。不久，已夺取制海权的法军攻陷梅诺卡岛，英国朝野震动。同年7月，弗里德里希二世要求奥地利政府向其保证不会在当年或次年攻击普鲁士，但精明的帝国皇后只给了他一个模棱两可的回复。随后弗里德里希二世再次派遣使者，要求给予明确答复，几乎在同时，他的军队越过边境侵入萨克森选侯国（Kurfürstentum Sachsen）。8月29日，被后世称为"七年战争"（Siebenjähriger Krieg）的冲突终于爆发。

连年征战后，普鲁士王国沦为一片废墟，弗里德里希二世的余生都在为重建家园而奔波，不过这并不妨碍他在1772年联合奥地利与俄国瓜分波兰，史称"第一次瓜分波兰"（Ersten Teilung Polens），除了让原先的飞地东普鲁士与王国主体相连，更是获得了后来的西普鲁士地区。

1786年，弗里德里希二世无嗣而终，传位于侄子弗里德里希·威廉二世（Friedrich Wilhelm Ⅱ

▲ 弗里德里希·威廉二世画像

von Preußen）。有别于前任奉行的谨慎外交，新任国王极力推行强权政治。1792年，俄军进入波兰，占领华沙，普鲁士借口防止法国大革命蔓延，亦宣布出兵。先前支持改革的波兰国王斯坦尼斯瓦夫二世（Stanisław Ⅱ August）见状，立刻转变阵营加入了塔戈维查联盟（Konfederacja targowicka，该联盟于1792年4月27日由波兰和立陶宛权贵在圣彼得

▲ 弗里德里希·威廉三世画像

堡建立，反对《五三宪法》，尤其是其中限制贵族特权的条文，其幕后支持者是叶卡捷琳娜二世）。最终波兰战败。1793年1月23日，俄、普两国在圣彼得堡签订瓜分协议，后者得到了包括格但斯克（但泽）、波兹南（Posen/Poznań）、克拉科夫（Krakau/Kraków）在内共58000平方公里的土地，普鲁士将其新领土编入南普鲁士。

为了铲除波兰剩余势力所带来的动荡，俄普奥三国决定"将独立的波兰彻底抹去"。1795年10月24日，三国代表再次签订瓜分条约，普鲁士获得包括华沙在内超过5.5万平方公里的土地，并设立了新东普鲁士〔Neuostpreußen，首府比亚韦斯托克（Białystok）〕和新西里西亚〔Neuschlesien，首府谢维日（Siewierz/Sewerien）〕两个新的行省。

早在法国大革命爆发后的1791年8月21日，弗里德里希·威廉二世就与神圣罗马帝国皇帝利奥波德二世（Leopold Ⅱ）达成共识，这两位最顽固的欧洲君主共同发表了《皮尔尼茨宣言》（Pillnitzer Deklaration），宣称要以武力对待法国革命，进而于1792年2月缔结第一次反法同盟。同年7月，普奥联军向法国宣战。9月20日，法军在凡尔登附近的瓦尔密高地（Valmy）击退了不可一世的普鲁士人，获得了对抗反法同盟的首个胜利。

1795年4月5日，出于维护自身在波兰的利益的目的，普鲁士与法兰西第一共和国签订《巴塞尔和约》（Friede von Basel），首先退出了反法同盟，承认莱茵河左岸归属法国。第一次反法同盟瓦解后，普鲁士被欧洲其他君主视为叛徒，陷入孤立，同时因为政府无能、财政混乱、军队老化，弗里德里希·威廉二世去世后，留下了一个近乎破产的国家。

1797年11月，弗里德里希·威廉三世（Friedrich Wilhelm Ⅲ）继位。这位新任国王秉持不战政策，在第二次反法同盟结成期间保持中立，却也影响了自身的威望。

1805年8月24日，弗里德里希·威廉三世与法国皇帝拿破仑签订条约，法国将汉诺威让给普鲁士，但普鲁士必须在未来战争中继续保持中立态度。奥斯特里茨战役后，神圣罗马帝国瓦解，拿破仑建立了依附于法国的莱茵邦联（Rheinbund）。此举威胁到了普鲁士的利益，引起了后者的不安。不久，由于拿破仑在与英国的和谈中表示出要将汉诺威归还英国的想法，普鲁士宫廷感觉受到了欺骗，反法情绪高涨。1806年7月25日，普鲁士与俄国签订条约，第四次反法同盟形成。

由于落后的保守战术与指挥系统，普鲁士军队在同年10月爆发的耶拿—奥厄施塔特战役中遭受了灭顶之灾。短短半个月内，其损失包括总司令不伦瑞克-沃尔芬比特尔公爵卡尔·威廉·斐迪南陆军

▲ 不伦瑞克-沃尔芬比特尔公爵卡尔·威廉·斐迪南陆军元帅画像

▲ 画作《耶拿—奥厄施塔特战役》

▶ 卡尔·奥古斯特·冯·哈登贝格画像

▲ 格哈德·冯·沙恩霍斯特画像

▲ 普鲁士首相施泰因男爵画像

元帅（Karl Wilhelm Ferdinand von Braunschweig-Wolfenbüttel）在内的45000人。10月27日，拿破仑进驻柏林，普鲁士王室逃亡东普鲁士。

一连串的惨败后，普鲁士开始了一系列变革。1807年10月，普鲁士首相施泰因男爵（Heinrich Friedrich Karl vom und zum Stein）率先改革农奴制，同时让公民参与政治，以唤醒其民族主义情感；实行地方自治；改组中央政府机构等。1809年，陆军中将格哈德·冯·沙恩霍斯特（Gerhard von Scharnhorst）着手改革军队，除了加强军备，还组建了正在成形中的总参谋部。1810年，施泰因男爵被拿破仑逼迫逃亡之后，卡尔·奥古斯特·冯·哈登贝格（Karl August von Hardenberg）成为新任首相，继续改革，为普鲁士日后的工业化、现代化积蓄了力量。

1812年冬，拿破仑的大军从俄国败退，普鲁士遂于次年再次参加反法同盟，于1813年3月17日对法宣战。10月，第六次反法同盟联军在莱比锡会战中大败法军，这场战役又被称作"民族大会战"。次年3月31日，联军进入巴黎；4月11日，法国宣布无条件投降，拿破仑则被流放到厄尔巴岛（Isola d'Elba）。

法国投降后，维也纳会议于1814年10月1日到1815年6月9日召开，此次会议旨在重划拿破仑战败后新一轮欧洲政治地图，在原华沙公国的基础上成立"波兰王国"〔因其经由维也纳会议协商产生，史书上多称之为"波兰会议王国"（Kongresspolen）〕。波兹南大公国（Großherzogtum Posen）与但泽被划归

▲ 位于莱比锡的民族大会战纪念碑。摄影/唐思

▲ 油画《莱比锡大会战》

给了普鲁士，分别成为后者版图中的波森省（Provinz Posen）与西普鲁士省（Provinz Westpreußen）首府；而萨克森王国作为拿破仑最忠实的盟友，在英、法、奥三国的干预下，避免了被普鲁士吞并的命运，但普鲁士仍然获得了其五分之二的领土，这些新领地即为萨克森省（Provinz Sachsen）。除此之外，普鲁士还得到了瑞典属波美拉尼亚（Schwedisch-Pommern）、威斯特法伦（Westfalen）、于利希—克莱沃—贝格（Jülich-Kleve-Berg）和下莱茵大公国（Großherzogtum Niederrhein），后三块领地后成为威斯特法伦省（Provinz Westfalen）与莱茵省（Rheinprovinz）。从此，普鲁士王国的疆域自梅梅尔河延至莱茵河，成为德意志邦联（Deutsche Bund）内德语居民占优势的唯一强国，以及欧洲列强之一。

1834年，由普鲁士主导的德意志关税同盟（Deutscher Zollverein）成立，当年就有近20个邦国加入，其中不乏南德代表巴伐利亚王国、符腾堡王国（Königreich Württemberg）以及中德领袖萨克森王国等成员。德意志关税同盟建立了一个共同市场，通过废除地区关税、统一度量衡等举措，极大地促进了贸易发展与工业发展，各成员国在获得丰厚利益的同时，也陷入了在政治上受限于普鲁士的境地。而普鲁士也充分利用这项优势，以自由贸易的经济原则为武器，时时以废除关税同盟相威胁，对其他形式上平等的成员国施加强大的经济政策压力，并根据自己的意愿来确定关税税率的高低。

1840年6月，弗里德里希·威廉三世去世，其子弗里德里希·威廉四世（Friedrich Wilhelm Ⅳ von Preußen）继位。

▲ 弗里德里希·威廉四世画像

　　1848年3月，德意志各地受法国大革命鼓舞，爆发"三月革命"，弗里德里希·威廉四世见无力镇压起义，遂假意支持革命，自任政府元首，组建了一个自由主义政府。当月底，约5000名决心实行民主、自由和平等的德意志领袖齐聚于法兰克福，组建了法兰克福国民议会（Frankfurter Nationalversammlung），大会主要讨论了关于组建统一德意志国家与宪法颁布事宜，与会代表提出了"大德意志方案"（Großdeutsche Lösung）与"小德意志方案"（Kleindeutsche Lösung）两个概念，两者的区别在于：前者将包括奥地利与波希米亚，且德意志将由奥地利统治，而非普鲁士。这场会议一直持续到1849年4月，最终各路代表就采用"小德意志方案"达成一致，并推举弗里德里希·威廉四世为计划中"德意志帝国"的首任皇帝。

　　由于害怕遭到奥地利反对，且新宪法规定皇帝没有对法案的否决权，弗里德里希·威廉四世断然回绝了被任命为帝的建议，他甚至形容接受由议会赋予的帝位是"拾取在沟渠上的皇冠"。而奥地利和德意志南部诸邦的代表因议会通过"小德意志方案"而退出，原因在于害怕北部的新教势力会主导整个国家。仅余的"小德意志"议会代表面对失败，唯有把立宪议会解散。不久之后，封建专制势力反扑，普奥联军进攻各邦议会，德意志革命最终失败，普鲁士即回归专制统治。

　　1854年，普鲁士成功说服汉诺威王国与奥尔登堡大公国加入德意志关税同盟，从此打开了与北德地区的经济联系。1853年，关税同盟期满，各成员国出于经济利益考虑和来自普鲁士的压力，同意续约12年，使得奥地利的关税统一计划受挫。

1861年，饱受病痛折磨的弗里德里希·威廉四世无嗣而终，由自1857年国王精神失常后担任摄政王的弟弟威廉一世（Wilhelm Ⅰ von Preußen）继位。随后，普鲁士开始了新一轮改革。

1863年，普鲁士首相奥托·冯·俾斯麦（Otto von Bismarck）着手制订统一德意志的纲领，准备同俄、法两国结盟，把奥地利排除于德意志邦联之外，由普鲁士来统一德国。同年，普法两国签订商业协约，普鲁士在重要的经济政策战场上赢得了法国的支持，而此时，奥地利与德意志各邦国进行的第二次关税问题谈判再度失败。

有关石勒苏益格—荷尔斯泰因的归属问题引发了普鲁士和丹麦之间的战争，这场战争的胜利成功唤起了普鲁士民众的民族意识。1866年6月14日，普鲁士以"有权共同占有石勒苏益格—荷尔斯泰因"为借口，挑起事端。此时，普鲁士已与意大利结盟（后者希望夺回被奥地利占领的威尼斯，统一意大利），并获得了北德诸邦国（奥尔登堡、梅克伦堡及不伦瑞克等）的支持，而奥地利则与大部分德意志邦联成员（巴伐利亚、萨克森、符腾堡、汉诺威、巴登、黑森等）以捍卫邦联的名义，向普鲁士宣战。

7月26日，普奥双方签订《尼科尔斯堡停战协定》（Vorfrieden von Nikolsburg），8月23日又签署《布拉格和约》（Prager Frieden）。根据条约，奥地利放弃石勒苏益格—荷尔斯泰因，使之成为普鲁士王国新的行省；承认普鲁士吞并汉诺威的行为；黑森—达姆施塔特大公国向普鲁士割让部分领土，主要是1866年接收绝嗣的黑森—洪堡支系（Hesse-Homburg）的领地；黑森—卡塞尔选侯国、拿骚公国、法兰克福自由市（Freie Stadt Frankfurt）并入普鲁士版图，成为后者的黑森—拿骚省（Provinz Hessen-Nassau）；普鲁士承认南德意志各邦的独立。同时，奥地利还向意大利割让伦巴底—威尼托王国（Regno Lombardo-Veneto）。德意志战争（又称"普奥战争"或"七周战争"）结束后，德意志邦联瓦解。

1867年4月16日，以普鲁士为首的北德意志邦联（Norddeutsche Bund）成立。同年，普鲁士建立关税议会，重组关税同盟，削减关税和简化关税格式，并通过一系列经济立法，如建立商业法庭、颁布企业自由条例、取消成立股票交易所的种种限制等办法，改善关税同盟区的经济环境。普鲁士的目标很明确，即继续以经济为纽带，化解南德意志与普鲁士的政治对立，以物质统一达到民族统一。

1868年9月，西班牙爆发"光荣革命"（La Gloriosa），不得人心的女王伊莎贝尔二世（Isabel Ⅱ de España）被废黜，后流亡法国。立宪议会保留

▲ 威廉一世肖像

了西班牙的君主制，其首要任务是为西班牙挑选一位国王。他们首先选择了霍亨索伦—西格马林根侯爵卡尔·安东的长子利奥波德（Leopold von Hohenzollern）。威廉一世怕触怒法国，一度表示反对，但在俾斯麦的说服下改变了态度。

▲ 奥托·冯·俾斯麦肖像

1870年7月13日，法国驻普鲁士大使文森特·贝内德蒂伯爵（Vincent Benedetti）带着法国政府的新指令，来到普鲁士国王的疗养地——科布伦茨（Koblenz）东郊的巴德埃姆斯（Bad Ems）求见威廉一世，并转达拿破仑三世的要求："希望陛下能够保证，将来不再提出支持利奥波德成为西班牙国王的主张。"这种无礼的态度，令威廉一世感到惊愕，他表示无法给予任何承诺，况且他还没有收到当事人利奥波德是否自行放弃王位的书面答复。很快利奥波德发表了弃权声明，贝内德蒂再次求见威

▲ 赫尔穆特·冯·毛奇

▲ 威廉二世画像

廉一世，后者则拒绝接见，仅让自己的副官传话给法国大使，表示同意拿破仑三世提出的要求，并将此事的详细经过通过电报告知了远在柏林的俾斯麦，顺带询问他是否需要通知媒体。

俾斯麦收到电报后，就"对法战争是否有全胜把握"的问题向参谋总长赫尔穆特·冯·毛奇（Hellmuth von Moltke）求证，后者做出了肯定的答复。于是俾斯麦"技术性曲解"地将电文内容修改为："在收到利奥波德侯爵的弃任通知后，法国大使还要求普鲁士国王向巴黎做出承诺，国王回绝了此要求，并拒绝再次接见法国大使，仅让副官代为转告：其他没有什么好说的了。"俾斯麦把修改后的电文刊登在报纸上，并通告所有普鲁士驻外使团。这份"埃姆斯急电"的内容很快就传到巴黎，舆论一片哗然，拿破仑三世被激怒了。

1870年7月19日，法国向普鲁士宣战，南德诸邦——符腾堡、黑森、巴登及巴伐利亚均站到普鲁士一边，而法国则没有任何盟友（此前俾斯麦向英国透露了拿破仑三世要求吞并比利时和卢森堡的文件；刚刚统一的意大利因法国在1860年公民投票后收走了尼斯市而对此耿耿于怀；法国人幻想奥地利会主动提出与法国一道共同对付宿敌，但事实上奥地利一直袖手旁观）。

1871年1月18日，在巴黎西南郊的凡尔赛宫，普鲁士国王威廉一世加冕为德意志帝国皇帝。至此，北德意志邦联与南德诸邦全部成为帝国版图内一分子，德意志实现统一。

同年1月28日，在遭受了4个月的饥饿围城后，巴黎投降。5月10日，德法双方签订《法兰克福和约》（Friede von Frankfurt），法国将阿尔萨斯（Elsass/Alsace）和洛林（Lothringen/Lorraine）东部连同梅斯要塞割让给德国，并向德国支付50亿法郎赔款；德军留驻法国，直至赔款支付完毕为止，军费由法国承担。

1888年3月9日，威廉一世逝世，王储弗里德里希·威廉登基成为弗里德里希三世。6月5日，在位仅99天的新帝死于喉癌。6月15日，弗里德里希三世之子威廉二世（Wilhelm Ⅱ）加冕为帝。

此后，德国又将扩张的眼光放到了东方。1897年11月，德国政府以中国清廷处理"巨野教案"不力为由，派遣舰队强占胶州湾。清政府于1898年3月被迫签订《胶澳租借条约》，将青岛"租借"给德国99年。自此，青岛沦为德国的殖民地。1900年5月，德、英、美、法、俄、日、意、奥匈八国联合出兵镇压义和团运动，并于1901年9月7日同清政府签订《辛丑条约》，从中获得巨额赔款。

▲ 油画《威廉一世加冕为德意志皇帝》

1914年6月28日，奥匈帝国皇储斐迪南大公（Franz Ferdinand von Österreich-Este）在萨拉热窝遇刺身亡。以该事件为导火索，7月28日，奥匈向塞尔维亚宣战。威廉二世在部下的劝导下，也加入了这场列强间的利益冲突。8月，德国先后向俄、法、英三国宣战，（对当时而言）人类文明史上规模最大的战争正式爆发。

1.黑鹰勋章
Hoher Orden vom Schwarzen Adler / Order of the Black Eagle

参见《号角Ⅷ》的《鹰扬宇内：普鲁士黑鹰勋章》一文。

2.功勋勋章
Orden "Pour le Mérite"/ Order of Merit

参见《号角Ⅵ》的《鹰颈珍宝：普鲁士王国功勋勋章》一文。

3.铁十字勋章
Eisernes Kreuz / Iron Cross

设立时间： 1813年3月10日
级别： 大铁十字、一级、二级
授予标准： 杰出的军事与民事功绩。
版本： 1813年版、1870年版、1914年版。
简介： 得知拿破仑远征俄国遭受惨败后，希望摆脱拿破仑控制的欧洲各国纷纷响应，于1812年共同组成第六次反法同盟向法国宣战。1813年，战争进入了最关键的时期，时任普鲁士国王弗里德里希·威廉三世预感到反法同盟将取得反抗拿破仑战争的全面胜利，遂决定设立一种新的勋章，以迎接这一历史时刻。

1813年3月17日，国王在布雷斯劳（Breslau）宣布设立一种名为"铁十字勋章"的新荣誉，这种勋章只授予在"解放战争"（Befreiungskriege，普鲁士对1813—1815年抵抗拿破仑战争的称呼）中建立军事功勋的军人、为支持战争做出贡献的平民，以及有相同贡献的外国人士；战争结束之后即不再颁发。同时，为了彰显新勋章的独特地位，规定此次战争期间其他普鲁士勋奖章暂停发放，要表彰这些有功人士只用铁十字勋章。值得一提的是，当天发布的勋章设立公告中，落款处的签发日期为1813年3月10日，这并非普鲁士政府的疏忽，而是有意为之。3月10日是弗里德里希·威廉三世爱妻露易丝（Luise von Mecklenburg–Strelitz）王后的生日。1806年，普鲁士全境被法国占领，在逃往东普鲁士避难的途中，露易丝王后因淋雨患病而落下病根，此后身体一直没能好转，最后于1810年7月19日去世，终年34岁。露易丝王后生前是强硬的反拿破仑主战派，更因天妒红颜的悲情传奇而深受普鲁士各阶层的爱戴，因此国王特意将公告上的设立日期倒签为亡妻的生辰，以示怀念。

▲ 二级1813年版铁十字勋章。供图/Künker

◀ 1813年版大铁十字勋章。供图/Andreas Thies

▲ 一级1813年版铁十字勋章。供图/eMedals

◀ 授予平民的二级1813年版铁十字勋章。供图/Zeige

1813年设立的铁十字勋章采用三片式结构：铁制黑色十字镶嵌在正反两面银质边框内。勋章正面无任何图案。背面上部刻有王冠图案，以及"弗里德里希·威廉三世"拼写的首字母"FW"字样；中央为三片橡树叶；底部则是设立年份"1813"。勋章的绶带配色为黑—白—黑（黑与白是普鲁士的标志颜色），但若颁发给有功平民（如杰出政治家），绶带配色则反过来，呈白—黑—白。

三个级别的铁十字勋章佩戴方式各不相同：二级勋章通过绶带悬挂在制服顺数第二个扣眼处；一级勋章的情况有点特别，因为公告上仅提到"佩戴在左胸处"，并没有规定它的背面式样，所以各厂商生产出来的一级勋章都不一样，不仅章体大小不统一，个别厂商还生产出了仅有铁十字内芯而无银质边框的奇特版本，甚至还出现了在勋章各角边处打孔，将其直接缝在衣服上的设计；最高级别的大铁十字勋章则通过绶带佩戴于衣领下方。

按相关规定，除了大铁十字勋章只授予建立非凡功绩的王室权贵与高级将领，一级和二级勋章在颁发时不考虑获得者的军衔高低，只遵循"获得一级铁十字勋章必须得先拥有二级铁十字勋章"的要求（也有同时获得一级和二级的情况），这在当时普遍奉行勋章等级与军衔挂钩思想的欧洲显得极为罕见。

1813年4月21日，在吕讷堡战役中表现突出的卡尔·冯·博克（Karl August Ferdinand von Borcke）成为首位获得铁十字勋章的人士（这枚勋章为二级）。1815年解放战争结束后，国王下令有关部门仔细核查，清点出有立功却未获勋的遗漏人员，这项补发工作一直持续到1840年11月。至此，1813年版铁十字勋章终止颁发，总计颁出5枚大铁十字、637枚一级（其中2人因民事功勋获颁）和16818枚二级（其中869枚为表彰民事功绩）。

▲ 佩戴一级和二级1813年版铁十字勋章的博克元帅

▲ 一级1870年版铁十字勋章。供图/Künker

◀ 1870年版大铁十字勋章。供图/Andreas Thies

　　1870年，普法战争爆发。7月19日，时任普鲁士国王威廉一世在母亲逝世60周年的祭日上宣布重新设立铁十字勋章。与1813年版相比，1870年版仅在勋章正面做了变化：上部刻着王冠，中央是"威廉一世"拼写的"W"，底部为设立年份"1870"。仅修改正面图案，其余部分（包括等级设置与绶带式样等）都原封不动地继承了1813年版的设计，且一直维持到德意志帝国崩溃。此版勋章共授出9枚大铁十字、1230枚一级和43250枚二级。

　　1895年8月18日，威廉一世宣布：为庆祝普法战争胜利25周年，所有仍兢兢业业为国家服务的1870年版铁十字勋章获得者都将再获得一枚刻有"25"字样的橡叶勋饰，以示纪念。

　　1914年6月28日，萨拉热窝的枪响打破了欧洲脆弱的和平局面。继8月1日和3日分别向俄国和法国宣战后，德意志帝国皇帝兼普鲁士国王威廉二世于8月5日下令恢复铁十字勋章。

▲ 带有"25"橡叶勋饰的二级1870年版铁十字勋章。供图/Künker

▲ 二级1870年版铁十字勋章。供图/Künker

　　1914年版铁十字勋章与1870年版基本一致，区别仅在于正面底部的设立年份由"1870"改为"1914"。随后不久，考虑在当时德国政府与军队中，仍有许多参加过普法战争并被授予过1870年版铁十字勋章的人员，他们仍有可能再次获颁1914年版铁十字勋章，因此政府推出了一种勋饰，以规避一人获颁两版勋章的尴尬。这种勋饰非常小巧，其式样为缀在横条上的1914年版铁十字勋章。

▲ 授予平民的带有"25"橡叶勋饰的二级1870年版铁十字勋章。供图/Künker

▲ 1914年版大铁十字勋章。供图/Andreas Thies

由于1914—1918年间的这场战争堪称当时人类文明史上最大规模的浩劫，1914年版铁十字勋章的发行量也急剧攀升，最终共颁发出5枚大铁十字、218000枚一级和5196000枚二级。

大铁十字以上，还有一种更高级别的特殊荣誉：星芒大铁十字勋章。其造型为金质八角星芒底上镶嵌着铁十字勋章正面图案。

▲ 二级1914年版铁十字勋章。供图/
Wöschler

▶ 一级1914年版铁十字勋章

▲ 佩戴1914年版大铁十字勋章的马肯森元帅

▲ 佩戴三个级别1914年版铁十字勋章的鲁登道夫将军

▲ 佩戴1813年版带星章的大铁十字勋章的布吕歇尔元帅画像

▲ 佩戴1914年版大铁十字勋章的兴登堡元帅

历史上仅有两人获得过这种奖励，第一位是格布哈特·冯·布吕歇尔元帅（Gebhard von Blücher），他因在滑铁卢战役中的杰出表现而于1815年7月26日获勋，这枚勋章也被称为"布吕歇尔之星"。第二位获此殊荣的是保尔·冯·兴登堡元帅，他于1918年3月24日获得，但这枚星章在1945年柏林战役后下落不明。

随着1918年德意志帝国和君主制的崩溃，1914年版铁十字勋章亦停止发放。

4.露易丝勋章
Luisen-Orden / Order of Louise

设立时间： 1814年8月3日

级别： 1814年设立时仅有一个级别，1865年增设第二级

授予对象： 为国家做出了不可磨灭贡献的女士。

版本：

第一版：仅一级，背面日期为"1813/1814"；

第二版：仅一级，背面日期为"1848/1849"；

第三版：设一级和二级，背面日期为"1865"；

特别版：背面日期为"1866"；

红十字版：正面十字上方缀有珐琅红十字。

▲ 露易丝王后画像

简介： 为了纪念已故的露易丝王后，1814年8月3日，弗里德里希·威廉三世设立了这枚以爱妻名字命名的露易丝勋章，同时规定此勋章颁发给"来自社会各个阶层的、不论出身与地位、任何为德意志做出不可磨灭贡献的本国女士"，并限定100人的颁发数量。

理论上，普鲁士国王应是所有普鲁士勋奖章的颁发人，但这枚露易丝勋章的颁发权在王后手中，实属罕见。普鲁士高级别的勋章往往带有浓烈的骑士团色彩，相比普鲁士王室的男丁在10岁生日时可以收到黑鹰勋章、自动获得的大十字级红鹰勋章和1862年以后追加的一级王冠勋章，王家的女儿们能得到的仅有一枚露易丝勋章。

自1814年设立以来，普鲁士历代国王都保留了这枚勋章，但会略加修改，由此产生了数个版本，其主要区别在于勋章背面所刻的日期。

▶ **佩戴带红十字标志露易丝勋章的希腊王后索菲画像**

▲ 第一版露易丝勋章。供图/*Hermann Historica*

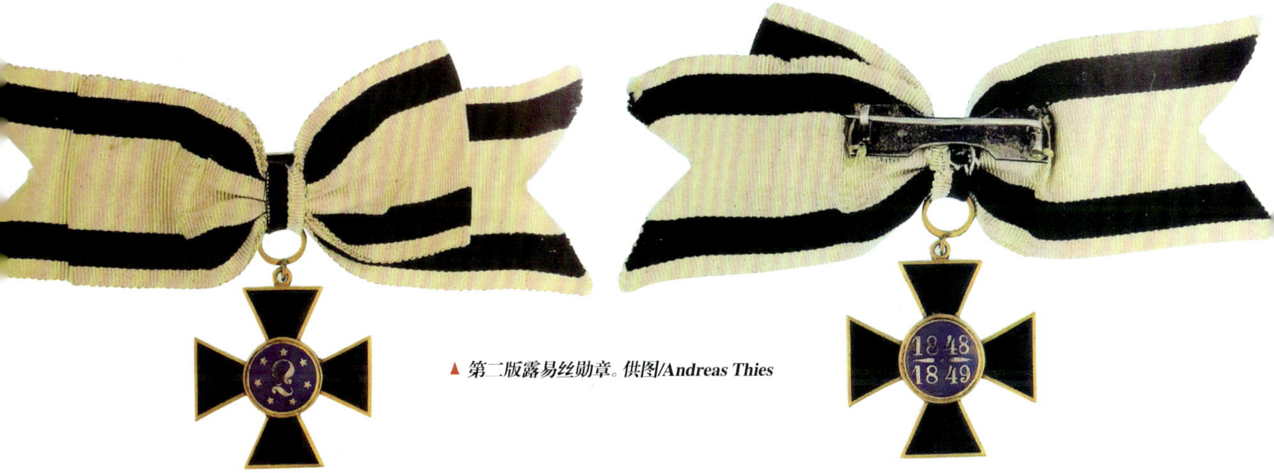

▲ 第二版露易丝勋章。供图/*Andreas Thies*

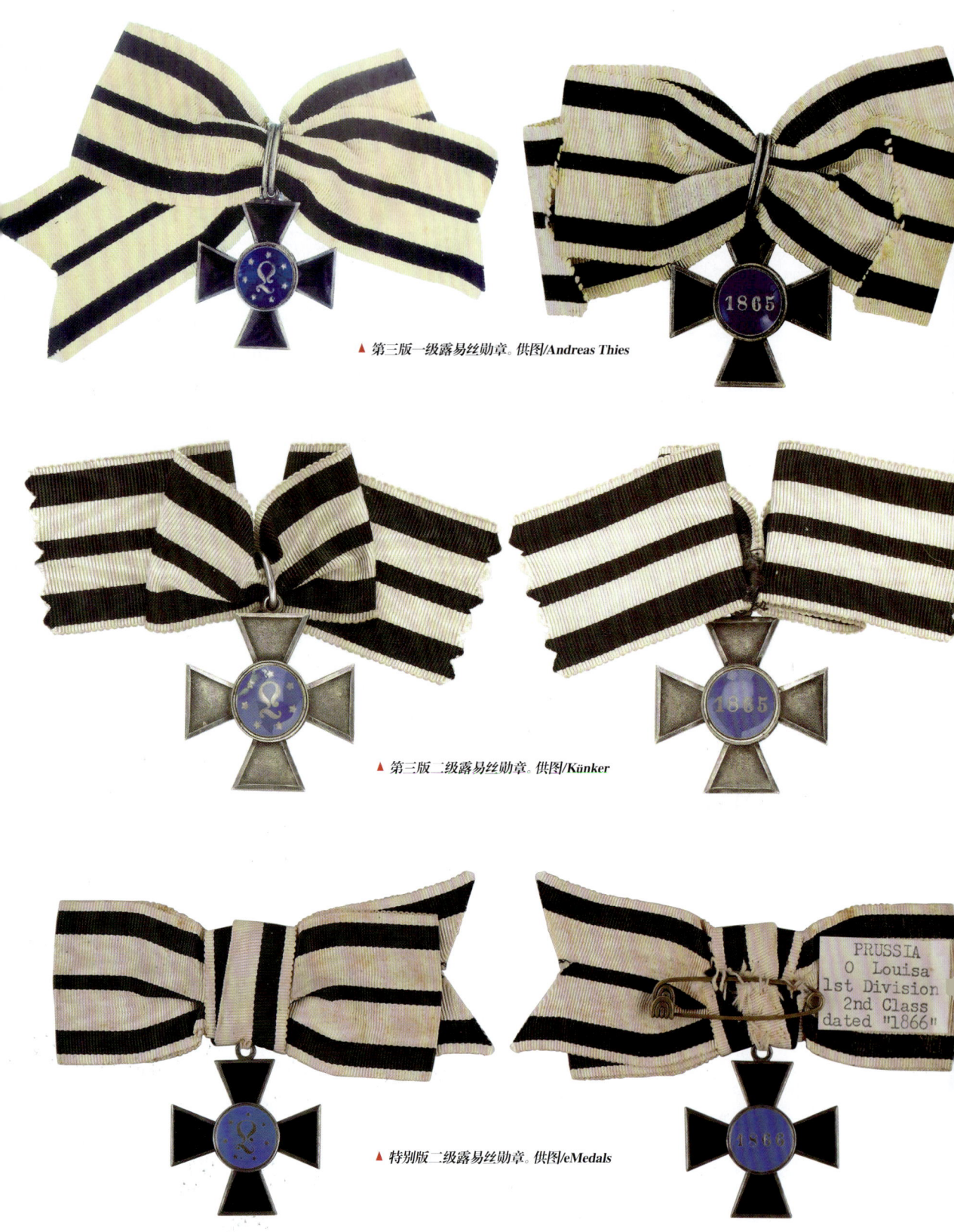

▲ 第三版一级露易丝勋章。供图/Andreas Thies

▲ 第三版二级露易丝勋章。供图/Künker

▲ 特别版二级露易丝勋章。供图/eMedals

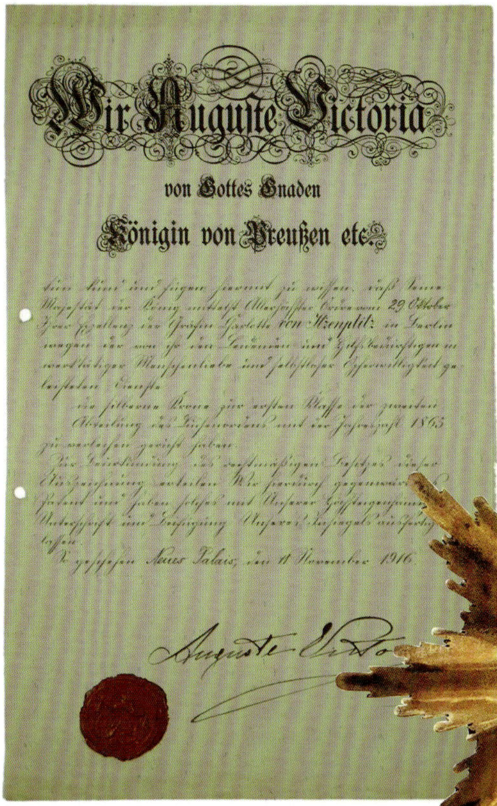

▲ 授予夏洛特·冯·伊岑普利茨伯爵夫人的二级露易丝勋章证书

▲ 授予维多利亚皇后的露易丝勋章星章。供图/Andreas Thies

▲ 佩戴露易丝勋章的普鲁士公主、巴登大公夫人露易丝画像

弗里德里希·威廉三世死后，其子弗里德里希·威廉四世即位，于1850年推出新版露易丝勋章，其修改之处在于背面日期换成了"1848/1849"，绶带式样变为白底上有三道黑色条纹。威廉四世执政期间，此勋章仅颁发过2枚，因此显得十分罕见。

约瑟夫一世继位后，于1864年恢复露易丝勋章，并保留了勋章背面的"1848/1849"字样。1865年10月30日，国王又宣布将露易丝勋章分为两个级别，原先的为一级。新增加的二级勋章为银质，十字章上除中心蓝色圆盘外无珐琅，背面日期为"1865"，不久又出现一批背面日期为"1866"的特别版。

此外，还有一种仅颁发了两次的星芒版露易丝勋章，第一枚于1897年授予普鲁士公主、巴登大公夫人露易丝（Luise von Baden），另一枚于1901年颁发给德意志帝国皇后奥古斯塔·维多利亚（Auguste Viktoria）。

5.霍亨索伦王室勋章
Königlicher Hausorden von Hohenzollern / Royal House Order of Hohenzollern

设立时间： 1851年8月23日

级别： 大指挥官级、指挥官级、骑士级、成员级

授予标准： 杰出的军事与民事功勋。

简介： 这枚勋章的历史充满了波折。

最初，它于1841年12月5日以"霍亨索伦侯爵家族勋章"（Fürstlich Hohenzollernscher Hausorden）之名出现，由霍亨索伦家族士瓦本支系的两位侯国领主——霍亨索伦—黑欣根的康斯坦丁侯爵（Fürst Konstantin von Hohenzollern-Hechingen）与霍亨索伦—西格马林根的卡尔·安东侯爵（Fürst Karl Anton von Hohenzollern-Sigmaringen）共同宣布设立。

1849年，这两位领主宣布向受霍亨索伦家族法兰克尼亚支系统治的普鲁士臣服，并于1850年3月12日将两侯国并入普鲁士，成为后者的行省之一。1851年8月23日，即普鲁士王国首位国王弗里德里希一世加冕150周年纪念日当天，弗里德里希·威廉四世宣布该勋章不再是士瓦本系独有的奖励，而是作为全霍亨索伦家族的荣誉，被正式纳入普鲁士勋奖章体系。从此该勋章改称为"霍亨索伦王室勋章"，其颁发对象为所有为霍亨索伦王室做出贡献的有功之臣。

这枚勋章在1851年正式设立时仅有大指挥官级、指挥官级和骑士级三个等级，且只授予军官和政府高官。为了提升广大基层军民的积极性，1861年3月9日，该勋章增设了第四个等级——成员级，专供军士、士兵和基层公务员使用。1864年普丹战争期间，

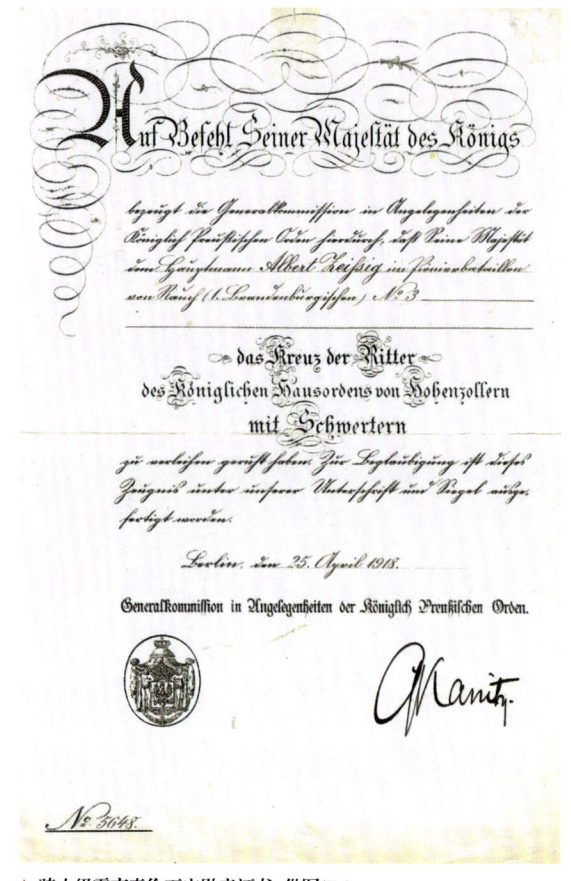

▲ 骑士级霍亨索伦王室勋章证书。供图/Zeige

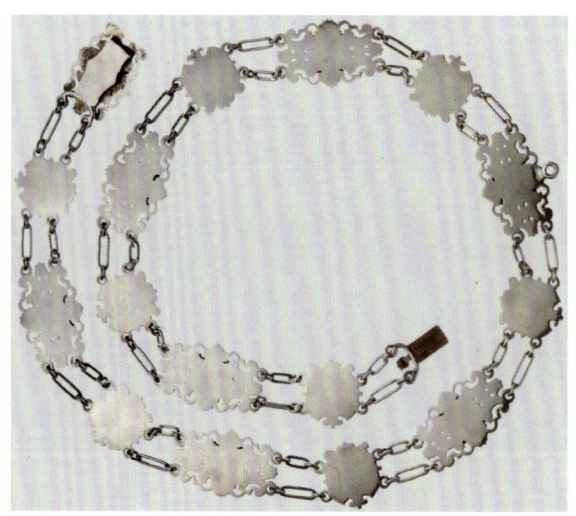

▲ 链授佩剑霍亨索伦王室勋章。供图/Hermann Historica

该勋章又发行了佩剑版本，专授因战功而受勋的军事人员。1867年又推出附加在勋章吊环处的微缩版马耳他十字，表示佩戴者为马耳他骑士团成员。1916年起，政府为节约成本，下令新生产的勋章全部改用镀金工艺。另外此勋章项下还有两种独特的鹰形奖章：颁发给长期服务于军事院校低级军官的"成员雄鹰章"（Adler der Inhaber）和发放给长期服务于政府部门基层官员的"骑士雄鹰章"（Adler der Ritter）。

霍亨索伦王室勋章呈带王冠的"艾利希"十字（"Alisee" kreuz，即边缘为弧形的铁砧头十字）形，

十字臂间饰有绿色月桂与橡叶花环。大指挥官级、指挥官级和骑士级表面覆有白色珐琅，而最低等的成员级则仅有黑色描边，表面无珐琅。勋章正面中央为普鲁士的象征——一头展翅的黑鹰，其胸口镶嵌着霍亨索伦家族的黑白相间盾章；外圈蓝色圆环上书写着金色铭文"从峭壁到大洋"（VOM FELS ZUM MEER），并绘有绿色枝叶。勋章背面为弗里德里希·威廉四世的花押，外圈蓝色圆环上刻着设立日期"1851年1月18日"（DEN 18. JANUAR 1851），底部还有月桂与橡叶图案点缀。

▲ 大指挥官级佩剑霍亨索伦王室勋章星章。供图/Hermann Historica

▼ 指挥官级佩剑霍亨索伦王室勋章星章。供图/Wöschler–Orden

▲ 指挥官级佩剑霍亨索伦王室勋章星章。供图/eMedals

▲ 霍亨索伦王室勋章骑士雄鹰章。供图/eMedals

▲ 骑士级带王冠佩剑霍亨索伦王室勋章。供图/Zeige

▲ 骑士级带王冠霍亨索伦王室勋章。供图/Zeige

6.勃兰登堡辖区耶路撒冷圣约翰医院骑士团勋章

Balley Brandenburg des Ritterlichen Ordens Sankt Johannis vom Spital zu Jerusalem /
Bailiwick of Brandenburg of the Chivalric Order of Saint John of the Hospital at Jerusalem

设立时间： 1852年10月15日

级别： 大团长级、指挥官级、名誉指挥官级、正义骑士级、荣誉骑士级，以及名誉成员级

授予标准： 为骑士团做出突出贡献。

简介： 1099年，耶路撒冷成立了一个以照料伤患和朝圣者为初衷的行善组织"耶路撒冷圣若望医院骑士团"（简称"圣若望骑士团"或"医院骑士团"），由于获得了众多欧洲朝圣者无私奉上的善款，它发展得十分迅速。1110年，骑士团接管了本笃会在耶路撒冷的资产，其影响力日益壮大。1113年，教廷承认骑士团为独立修会，并赋予他们一系列经济、政治特权，如无须缴纳什一税，无须接受任何政权的领导，只受教宗节制等。1120年，医院骑士团改组成为军事组织，以武力保护朝圣者免受

▲ 成员级带王冠霍亨索伦王室勋章。供图/Zeige

▲ 霍亨索伦王室勋章成员雄鹰章。供图/Künker

▲ 成员级带王冠佩剑霍亨索伦王室勋章。供图/Zeige

异教徒攻击，并逐渐发展成耶路撒冷王国一支重要的军事力量，对后者的政局走向产生了重大影响。1187年的"哈丁之战"后，包括医院骑士团、圣殿骑士团在内的基督教军队几乎全军覆没。1291年，骑士团前往塞浦路斯，1309年又撤往罗德岛。

但骑士团在东方的失利并没有影响虔诚的基督徒向骑士团献上自己的私产。随着时间推移，骑士团名下的土地越来越多，渐渐地，这些分散在欧洲各地的零散领地被整合成一个个行政辖区，每个区域都由骑士团的高阶骑士或指挥官负责管理。1318年，一个新的辖区在神圣罗马帝国东北部的勃兰登堡宣告成立，骑士团非常重视这个富庶而又具备重大影响力的地方，特意委派了一位法官（医院骑士团最高首领为大团长，协助他工作的是教士会议和8位法官）前来管理。1382年，在海姆巴赫（Heimbach）召开的会议上通过了一项决议，允许勃兰登堡辖区自行推选行政长官与本地骑士团官员。

1811年，时任普鲁士国王弗里德里希·威廉三世以"骑士团保护者"为名，宣布王国境内的骑士团辖区将接受王权的节制，并且国王本人将是辖区的最高

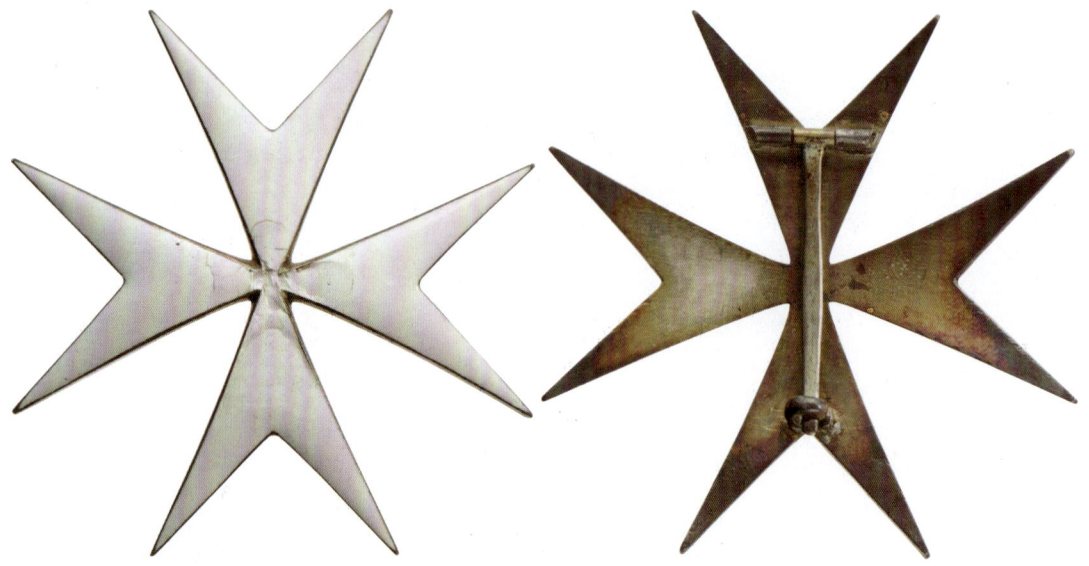

▲ 正义骑士级勃兰登堡的耶路撒冷圣约翰医院骑士团勋章。
供图/Hermann Historica

▲ 荣誉成员级勃兰登堡的耶路撒冷圣约翰医院骑士团勋章。
供图/Hermann Historica

行政长官。不久，在交出了所有资产后，勃兰登堡辖区正式被普鲁士吞并。

为了弥补由此产生的空缺，1812年，弗里德里希·威廉三世建立了同样使用白色马耳他十字标志的"普鲁士王家圣约翰骑士团"（Königlich Preußische St. Johanniterorden），国王的叔祖父（爷爷的弟弟）奥古斯特·斐迪南亲王（August Ferdinand von Preußen）被任命为骑士团大团长。一同设立的还有骑士团的功勋勋章，该勋章共分两个级别——大团长级和骑士级，以供各级骑士使用。

1852年10月15日，弗里德里希·威廉四世恢复了被父亲撤销的勃兰登堡辖区，并将骑士团名字恢复为"耶路撒冷圣约翰医院骑士团"，8位仍健在的原勃兰登堡辖区正义骑士（Rechtsritter，"正义骑士"是医院骑士团内部一种衔级，相当于中级军官）成为骑士团重建后最初的一批成员。1853年，威廉四世的弟弟——弗里德里希·卡尔·亚历山大亲王（Friedrich Karl Alexander）被推举为骑士团大团长。远在马尔他的医院骑士团承认了这个"耶路撒冷圣约翰医院骑士团"为医院骑士团在勃兰登堡辖区分支机构的延续。

虽然人们都知道普鲁士圣约翰医院骑士团与马耳他医院骑士团之间的历史渊源，但新建的骑士团历任大团长自始至终都明确表示自己是一个独立的组织，完全不受罗马教廷的管辖。

随着勃兰登堡辖区的恢复与骑士团的重建，骑士团的勋章等级也做了相应修改，新制订的勋章分为大团长级、名誉指挥官级、指挥官级、正义骑士级、荣誉骑士级和名誉成员级。其中，名誉指挥官级用于嘉奖表现杰出的正义骑士们，名誉成员级授予为骑士团做出非凡贡献的社会各界男性人士。

作为马耳他骑士团在普鲁士地区的分支，勃兰登堡的耶路撒冷圣约翰医院骑士团自18世纪末开始，也使用装饰有巨大白色马耳他十字的黑色羊毛斗篷，其中大团长的斗篷另外配有黑色天鹅绒衬里，后来虽未明确规定取消斗篷，但在20世纪30年代后就再也无人在典礼上穿戴骑士团的斗篷。

勃兰登堡的耶路撒冷圣约翰医院骑士团勋章为白色马耳他十字形，1668年起在十字臂间增加4只头戴王冠的勃兰登堡雄鹰（后改为普鲁士雄鹰）装饰。需要注意的是，大团长级、指挥官级、名誉指挥官级

▶ 荣誉骑士级带王冠勃兰登堡的耶路撒冷圣约翰医院骑士团勋章。供图/ **Hermann Historica**

▲ 佩戴荣誉骑士级勃兰登堡的耶路撒冷圣约翰医院骑士团勋章的一名普鲁士军官。供图/Wöschler-Orden

▲ 身着全套勃兰登堡的耶路撒冷圣约翰医院骑士团勋章勋服的威廉二世

和正义骑士级勋章上的雄鹰为金色，而荣誉骑士级与名誉成员级勋章上的带冠雄鹰仅王冠为金色，其余部分皆覆着黑色珐琅。18世纪中叶，自弗里德里希二世（即腓特烈大帝）时期起，除荣誉骑士级外，其他各级别勋章，包括名誉成员级，都在十字形绶章上方附加一顶普鲁士王冠装饰。

因大团长级、指挥官级、名誉指挥官和正义骑士级的外形雷同，且佩戴方式一致，着几级勋章的尺寸成为它们重要的区分依据。除去绶章上方的王冠，大团长级的尺寸最大，直径达到了70毫米；指挥官级、名誉指挥官级和名誉成员章皆为55毫米；正义骑士级为50毫米；荣誉骑士级为60毫米。

所有勋章都通过一条45毫米宽的黑色波纹绶带佩戴于颈下。但在平日里，骑士们更喜欢在左胸处佩戴一枚简洁的白色马耳他十字以示身份。

秉承着它所继承的医院骑士团职责，19世纪和20世纪间，耶路撒冷圣约翰医院骑士团致力于在德国境内和海外各地展开慈善救助事业，其业务范围不仅包括经营医院、提供救护服务、开办养老院和保育院，还承担着提供急救技能培训和救灾赈灾职责。

二战结束后，由于骑士团原驻地纽马克变成了波兰的斯洛斯克〔Słońsk，德国人称之为索能堡（Sonnenburg）〕，骑士团不得不将总部迁往西德首都波恩，两德统一后又将总部搬至柏林。

如今的德国，封建帝制早已不见了踪影，骑士团大团长也不再受普鲁士国王或德意志帝国皇帝委任，但自1693年上任的第28任大团长勃兰登堡—施韦特边疆伯爵卡尔·菲利普（Karl Philipp von Brandenburg-Schwedt）起，往后历任大团长都出自霍亨索伦家族，直至今天。

（未完待续）

号角 Ⅰ

苏联红旗勋章鉴赏
双龙宝星：第一枚中国勋章
德意志的骄傲：德国1939年版铁十字勋章鉴赏
工农代言者：图说前苏联及各加盟共和国最高苏维埃代表证章
前进，达瓦里希：苏联国家荣誉制度发展简史
红色普鲁士：民主德国国家人民军陆军制服徽章鉴赏

号角 Ⅱ

以伟人的名义：苏联列宁勋章鉴赏
法兰西柱石：法国荣誉军团和荣誉军团勋章全史
六角星的荣耀：英国二战之星系列奖章
友谊常青树：中华人民共和国领导人获得的外国勋章
复兴力量：联邦德国武装力量常服欣赏
冷战对决的象征：苏联国家荣誉制度发展简史
袖上风采：二战德国荣誉袖标

号角 Ⅲ

大漠孤星：蒙古人民共和国北极星勋章鉴赏
血路残阳：日本从军记章及相关勋奖小考
金鸡尊饰：第三帝国的大区荣誉证章
黑鹰旗下：第一次世界大战中的德国陆军服饰与徽章鉴赏（一）
奢宿殊勋：中华人民共和国领导人获得的外国勋章
热血褒奖：苏联红星勋章鉴赏

号角 Ⅳ

日落红场：苏联国家荣誉制度发展简史（完）
旗映半岛：朝鲜国旗勋章
拱卫联盟：苏联各加盟共和国勋章鉴赏
兴都库什山上的红色昙花：阿富汗民主共和国高级勋章
碧血白刃：德国陆军近距离作战勋饰鉴赏
黑鹰旗下：第一次世界大战中的德国陆军服饰与徽章鉴赏（二）

号角 Ⅴ

菊纹之祭：日本纪念章小考
嘉勇三军：德国陆军普通突击奖章鉴赏
神圣首勋：俄国第一圣徒安德烈勋章全史
汗铸金星：苏联劳动英雄和镰刀锤子金质奖章
烽火戎装：抗战中的国民革命军制服（陆军篇）
心向大海：民主德国人民海军制服徽章鉴赏

号角 Ⅵ

号角 Ⅶ

号角 Ⅷ

号角 Ⅸ

号角 Ⅹ